Hrsg.: Martin Fieber · Hans H. Reinmöller · Thomas Richter

Die Mediale Arbeit

Hrsg.: Martin Fieber · Hans H. Reinmöller · Thomas Richter

Die

Mediale Arbeit

Das Vermächtnis des
Medialen Friedenskreises Berlin
aus den Jahren 1956 - 1975

BERGKRISTALL

Die Deutsche Bibliothek - CIP Einheitsaufnahme
Ein Titeldatensatz für diese Publikation ist
bei der Deutschen Bibliothek erhältlich

Ungekürzte Ausgabe
Bergkristall Verlag GmbH, 32108 Bad Salzuflen
Schülerstraße 2-4
Tel.: 05222 / 92 34 51
Fax: 05222 / 92 34 52
email: Bergkristall.Verlag@t-online.de
www.BERGKRISTALL-VERLAG.de
1. Auflage, April 2001
Umschlag: Bergkristall Verlag
Satz: Bergkristall Verlag
Druck und Bindung: Druckerei Dröge, Bad Salzuflen
Printed in Germany
ISBN 3-935422-04-0

Aus dem Kontakt des Diesseits

mit dem Jenseits haben sich alle

Religionen entwickelt.

Die Mediale Arbeit

Inhaltsverzeichnis

Einleitung

Das bekannte Sprichwort „Probieren geht über Studieren" hat im Alltag seine gewisse Berechtigung. Wenn es jedoch um eine Kontaktaufnahme mit dem Geistigen Reich geht, sollte man das Sprichwort etwas umgestalten und so formulieren: „Studieren geht vor Probieren!"

Für jeden, der die Kommunikation mit dem Jenseits praktizieren will, bestehen ungeahnte Gefahren, die bei unwissend experimentierenden Menschen verheerende Folgen für Leib und Seele heraufbeschwören können. Es bedeutet ein Zeichen der Klugheit, wenn man die verborgenen Gefahren von sich fernhalten will und diese dann durch das richtige Wissen auch abwenden kann.

Das authentische Wissen dazu ist vorhanden und durch ungezählte Beispiele erprobt und bewiesen. Man erhält es am besten dort, wo die entsprechenden Erfahrungen im Umgang mit den Geistwesen gemacht werden und wo die dabei erzielten Ergebnisse eine hervorragende Qualität aufweisen.

Das war im Medialen Friedenskreis Berlin unter der Leitung von Herbert Victor Speer anerkannt gut gelungen. In den Monatsheften 'Mene-Tekel' wurde das aufklärende Wissen in den Jahren von 1956 bis 1975 veröffentlicht.

Anschließend folgt eine Neuzusammenstellung der erwähnten Texte in einer bestimmten Reihenfolge. Sie ist

für jene Menschen gedacht, die verantwortungsbewußt eine Verbindung mit dem Positiven Geistigen Reich herstellen und zum Wohle der Mitmenschen aufrecht erhalten und nutzen wollen.
Dieses Buch wird herausgegeben, um die jahrzehntelangen Erfahrungen des Medialen Friedenskreises jedem zugänglich zu machen und vor allem vor den Gefahren eines negativen Jenseitskontaktes zu warnen. Es soll mögliche Zweifel und ein Nichtwissen um die Existenz der jenseitigen Geistigen Welt ein für allemal beseitigen. Und nicht vergessen: Die Geister, die man ruft, wird man nicht mehr los.

Die Herausgeber

Was ist Medialität? Was geht vor sich?

In letzter Zeit interessieren sich viele Menschen zunehmend für die Medialität. Man stellt uns die Frage, ob die Medialität erlernt oder erworben werden kann?

Die Medialität ist die Erhaltung einer ursprünglichen Gabe. Sie nimmt ab, sobald der Mensch sich vorwiegend vom natürlichen Leben entfernt. Das betrifft aber auch sein ganzes Denken. Im fortgeschrittenen Alter ist daher die Medialität schwerer zu fördern. Es mischt sich bei diesen Medien viel eigenes Gedankengut hinein. Man spricht dann vom Unterbewußtsein. Wenn eine Botschaft echt ist, so fehlt jede Unterbrechung, denn sie hindert nur bei der Gedankenschnelligkeit, wie sie bei den Jenseitigen vorherrscht.

Beim automatischen Schreiben werden die Worte und Sätze nicht voneinander getrennt. Es ist eine lange Schreibschlange. Ist die Schrift schwer zu lesen, so gewinnt sie an Bedeutung und sie ist dann sehr gut abzuwägen. Kraft und Od spielen auch eine Rolle. Wenn die Kraft des Mediums verbraucht ist, wird sie von den Teilnehmern ergänzt. Dies geschieht zunächst von den positiv eingestellten Teilnehmern. Doch wenn diese nicht ausreicht auch von anderen Personen. Mitunter spenden auch Blumen und andere Pflanzen reichlich Od. Ein Gedankenblitz ist wertvoller als eine lange Überlegung. Daher zeichnen sich alle echten Jenseitsbotschaften durch ihr hohes Tempo beim Schreiben aus.

Inspirierte Bücher erfolgen in einem Zug, sogar Tag und Nacht hintereinander. Aber auch die Logik ist ein Geschenk Gottes, sie muß auch angewendet werden, sonst wäre alles ohne Kontrolle.

Wir möchten gern noch mehr über die Medialität wissen. Kannst Du uns noch was dazu sagen?
Die Medialität liegt bei jedem Menschen auf einem anderen Gebiet. Ihr müßt bedenken, daß bei einer Sitzung viele jenseitige Zuschauer vorhanden sind, deren Entwicklungsgrad sehr verschieden ist. Darunter befinden sich auch viele Prüflinge, die sich im Lehrraum bewähren müssen. Das Medium muß sich mit der Zeit eine sehr feste und undurchdringliche Aura schaffen. Es darf sich nicht von niederen Wesenheiten mißbrauchen lassen. An diesem Punkt scheitern die meisten Medien, obgleich sie sehr gut medial veranlagt sind. Doch wenn der Zirkelleiter oder die Beteiligten diesen Mißbrauch nicht merken und alles glauben, was ihnen berichtet wird, so entsteht ein Schaden, der nicht mehr gut zu machen ist. Zwischen dem medialen Forschungskreis und den Jenseitigen muß eine absolute Freundschaft entwickelt und gefördert werden. Dadurch kommt es zu einem Vertrauen, das für die Arbeit unbedingt notwendig ist.
Ich möchte erklären, wie es bei einem automatischen Schreibmedium ist. Die Medialität, wird sie erkannt, darf unter keinen Umständen allein geprobt werden. Dieses bedeutet eine große Gefahr für die eigene Seele,

denn leicht können sich kranke Seelen vor die positiven drängen und versuchen, diese in den Hintergrund zu drängen, so daß diese dann völlig machtlos zuschauen müssen, wie die gesunde Seele des Mediums ruiniert wird. Da nutzt auch eine hohe Erkenntnis nichts, denn dann ist der Kampf doppelt schwer. Außerdem kann das Schreibmedium selbst nicht überprüfen, was durch einen jenseitigen Gedankenträger geschrieben wird. Sofort muß eine 'Kapsel' das Medium umschließen. Diese 'Kapsel' bildet den Schutz. Auch im Geistigen Reich gibt es mediale Prüflinge, die sich erst bewähren müssen. Sie sind an der Ausbildung eines diesseitigen Mediums beteiligt. Am Anfang soll ein Zirkel etwa fünf bis sechs Personen betragen, nicht mehr. Auch das Medium kann beobachten, wie sich ein Zirkel entwikkelt. Ist das Medium nicht ausgesprochen unklug, so kann es einen großen Teil dazu selbst beitragen, die Aura zu schaffen und das Positive vom Negativen zu unterscheiden. Es sollen aber möglichst immer die selben Teilnehmer sein, weil ihre Entwicklung eine große Rolle spielt.

Nimmt die Medialität unter der Bevölkerung zu oder wird sie nach und nach eingedämmt?
Wie die Dinge augenblicklich liegen, nimmt die Medialität zu. Dieser Umstand hängt mit der weltweiten Sucht nach Rauschgift zusammen. Aber diese geförderte Medialität öffnet beide Türen. Die Menschheit wird mit Gut und Böse konfrontiert. Haben wir euch jemals in

irgend einer Weise Angst eingejagt? Die Rauschgiftsüchtigen werden gehetzt. Wir haben niemals gesagt, daß Schrecken über die Menschheit kommt. Aber ist es so erfreulich, wenn es dazu kommt, daß die Erde durch die Santiner entmündigt wird?
Es besteht der Plan, auf dieser Erde ein außerirdisches Protektorat zu errichten. Ein Protektorat bedeutet allerdings einen Schutz. Noch besteht die Möglichkeit, daß sich diese Menschheit ändert.
Es war nicht eingeplant, daß es auf diesem Läuterungsplaneten zu solchen Extremen kommt. Diese Erde stellt ein Muster an Vielseitigkeit und Schönheit dar. Außerdem leben auf dieser Erde einige gute Menschen, die einer Läuterung nicht mehr bedürfen. Darin liegt jedoch die Schwierigkeit, hier drastisch einzugreifen. Es ist allerdings zu begrüßen, daß gerade bei den Jugendlichen eine Antikriegstendenz besteht.

Wie kommt es, daß es sehr mediale Menschen gibt, während andere überhaupt keine Medialität besitzen?
Die Medialität ist eine Gabe, die mit in die Wiege gelegt wird. Sie ist sehr verschieden verteilt.

Warum sollten nur einige Leute spirituell veranlagt sein, andere aber nicht?
Alle Gaben des Geistes sind bei jedem Wesen vorhanden, das muß so sein, denn alle sind geistige Wesen. Bei manchen liegen gewisse Gaben mehr an der Oberfläche, so daß sie fähig sind, diese schneller zu entwik-

keln. Du könntest mich genau so gut fragen, warum manche mit besonderer Schönheit ausgestattet sind und andere nicht, warum einzelne gut malen können, andere aber nicht. Es gibt wohl eine Erklärung, dabei wären aber verschiedene verwickelte Probleme zu beleuchten.

Warum ist es nur wenigen Menschen vergönnt, so medial zu sein, daß sie Kontakt mit dem Jenseits haben?
Derartige Kontakte hat jeder Mensch. Ihr steht in ständiger Telepathie mit dem Geistigen Reich, aber ihr glaubt, daß alle Gedanken nur von euch stammen. Überdies tritt jeder Schlafende in das Astralreich. Ihr nennt es träumen.

Sind alle Menschen mit höheren Sinnen ausgestattet, so daß sie Kontakte mit der Geistigen Welt haben könnten?
Ja, das ist wahr, aber diese höheren Sinne müssen auf höhere Frequenzen ausgerichtet werden, um in Aktion treten zu können. Ohne eine gewisse Übung ist es zum Beispiel unmöglich, an Gott zu glauben, genau so, wie ein Schüler nicht gleich lesen und schreiben kann, von der Mathematik ganz abzusehen. Alles erfordert Training, auch die Meditation und Religion. Die menschlichen Sinne sind sehr begrenzt, solange sie an die Materie gebunden sind.

Sicher ist es sehr wichtig, daß sich neue Medien entwickeln und neue Zirkel gebildet werden, um die Arbeit fortzusetzen. Auch die Spiritualisten brauchen einen

guten Nachwuchs. Was meinst Du dazu?
Es gibt ständig neue Medien und auch neue Zirkel. Aber die meisten Zirkel arbeiten leider geheim, weil sie den Spott fürchten. Sie fürchten vor allem den Spott der Nachbarn. Solange es der Spott fremder Menschen oder der Kirche ist, nimmt man das in Kauf, aber nicht, wenn es sich um die lieben Nachbarn handelt. Dazu gehört ein großer Bekennermut. Aber der Fortschritt wird nicht mehr aufgehalten. Zwischen dem vielen Unrat und Gefasel kommt plötzlich eine Erkenntnis durch. Bedenkt, wie ihr einmal angefangen habt. Viele Menschen fühlen sich auf dieser Welt nicht mehr wohl, sie fühlen sich angeekelt und billigen keineswegs das negative Treiben auf diesem Planeten, da sie schließlich das Gute und sogar Gott auf ihre Weise suchen. Diesen Menschen muß man unbedingt helfen. Die Verführung der Studenten, denen man statt der Wahrheit die Unwissenheit und Lüge bietet, ist das entscheidende Problem.

Ein vierjähriger Junge aus unserem Bekanntenkreis sieht immer Schatten um unser Haus. Es gibt auch Kinder, die in ihrer Phantasie Gestalten sehen, oder sind sie medial?
Oh ja, Kinder sind es sehr häufig. Ihr seid alle medial, doch ihr wißt nicht, in welcher Beziehung. Ihr seid Einflüssen ausgesetzt, negativ oder positiv. Ihr müßt hier entscheiden, ob ihr angezogen oder abgestoßen werdet, wie zwei verschiedene Pole. Ihr seht einen Menschen auf der Straße, er ist euch sofort sympathisch oder ange-

nehm, ohne ihn zu kennen. Das ist medial. Es ist die ähnliche Schwingungszahl, die sich zwischen den Seelen befindet.

Je höher die Schwingungszahl ist, je höher ist auch die Vergeistigung, die im Guten fortschreitet?
Ja, so ist es. Es ist genau so zu erklären.

Viele Menschen scheuen vor dem Spiritualismus zurück, weil man Ihnen eingeredet hat, daß die Medialität etwas Abnormes sei. Was sagt ihr dazu?
Die Medialität ist eine natürliche Begabung. Jeder Mensch ist medial veranlagt, nur die Art der Medialität ist verschieden. Auch Christus war hochmedial, trotzdem wird niemand sagen, daß er in dieser Hinsicht abnorm war. Ihr seht, welch ein Unsinn verbreitet wird.
Die Medialität ist an sich normal. Es ist eine natürliche Verbindung mit der Geisterwelt. Beide Welten, das Diesseits und das Jenseits, sind ein einziger Lebensbereich - nur in zwei Teile getrennt. Beide Teile dienen der Entwicklung. Früher, als die Menschen noch ziemlich primitiv waren, hörten die Menschen mit Geistigen Ohren mehr auf die Jenseitswelt. Sie ließen sich beraten und führen. Doch Luzifer machte von dieser Möglichkeit der Verständigung einen großen Gebrauch. Der Mensch fiel darauf herein, er wurde belogen und verführt. Mit der technischen Entwicklung kam die Medialität zunehmend in den Hintergrund, weil die Technik viele Möglichkeiten hatte, Warnungen und Sicherheit

zu ersetzen, die sonst medial empfangen wurden. Der Mensch hörte nicht mehr auf Geistige Ratschläge, sondern verließ sich auf die Technik. Damit wurden die Medien immer weniger. Man beschränkte sich hauptsächlich auf die Medizinmänner. Noch heute sind hauptsächlich die 'Primitiven' beziehunsweise Naturvölker medial, die weniger technische Hilfe zur Verfügung haben.
Auch wenn die zivilisierte Menschheit darüber lacht, der Glaube beziehungsweise das Wissen und die Erfahrung mit Geistern ist eine derartige Tatsache, die fast jeder Naturmensch selbst erfährt. Diesen Menschen kann man ihre Erfahrung mit Geistwesen nicht ausreden. Doch sobald die Technik in ihr Leben eindringt, lassen diese Fähigkeiten der Kontaktnahme immer mehr nach. Auf alle Fälle ist beachtlich, daß alle diese medialen Menschen die Existenz von Himmel und Hölle machen. Gut und Böse sind feststehende Erfahrungen - und danach richten sie sich auch.

Haben die Wünschelrutengänger eine ähnliche Begabung wie die Schreibmedien?
Ja, das stimmt. Es ist Unsinn, anzunehmen, daß gewisse Erdstrahlen auf die Rute einwirken. Wenn ein Rutengänger nicht medial ist, schlägt auch die Rute nicht aus. Die Vorkommen unter der Erdoberfläche werden von jenseitigen Intelligenzen erkannt, die ihre Wahrnehmung durch Impulse auf das Medium übertragen. Wenn aber das Medium eigene Reflexe auf die Rute überträgt,

so irrt es sich meistens. Das Medium hat das gleiche Empfinden wie ein Angler, der spürt, wenn ein Fisch an der Angel ist. Ein materialistisch denkender Mensch verriegelt sich selbst gegen alles Geistige.

Da der Rutenausschlag durch Geistwesen hervorgerufen wird, wäre es doch vielleicht möglich, den Rutenausschlag durch Gebet oder durch einen Anruf zu unterstützen?
Ja, er kann begünstigt werden, besonders dadurch, daß gewisse Foppereien unterbleiben. Jenseitige können sogar die Vegetation beeinflussen oder einen Insektenflug steuern. Zu den Jenseitigen zählen nicht immer nur Verstorbene, es gibt auch viele andere Geistwesen, nämlich Elementar- oder Naturgeister. Eine geistige Intelligenz muß nicht immer erst als Mensch auf Erden gelebt haben. Die Elementar- und Naturwesen werden oft von verstorbenen Menschen unterstützt, die auf Erden große Naturfreunde waren.

Warum sind junge Menschen in der Pubertät besonders medial?
Die Medialität hat nichts mit der Pubertät zu tun. Auch ältere Menschen können hochmedial sein. Aber junge Menschen sind im Mißbrauch für allerlei Schabernack und auch für Bösartigkeiten besser zu gebrauchen. Niedere Seelen betätigen sich gern mit Spuk, weil es ihnen Spaß macht, die Erdenbewohner an der Nase herumzuführen. Besonders junge Seelen suchen sich

wieder junge Erdenmenschen aus, mit denen sie dann herumexperimentieren.

Kannst Du uns erklären, wie das Hellsehen mittels einer Kristallkugel zustande kommt?
Wenn es ein gutes Medium ist, so hat es einen geistigen Führer, der es beeinflußt. Der geistige Führer läßt über das Medium in der Kristallkugel ein Bild erscheinen, das beweglich und wie auf einem Fernsehschirm erfolgt. Das Medium hat jedenfalls diesen Eindruck, daß die Visionen in der Kugel sind. Doch die Bilder werden telepathisch auf das Bewußtsein übertragen, so plastisch, daß der umgekehrte Effekt entsteht, als es beim normalen Sehen der Fall ist. Beim normalen Sehen wird das Licht von dem betrachteten Gegenstand zurückgeworfen und es dringt durch die Augen ins Bewußtsein, in welchem dann der plastische Eindruck entsteht. Das plastische Bild im Bewußtsein durch die telepathische Beeinflussung wird beim Hellsehen umgekehrt vom Bewußtsein aus in die Kristallkugel projeziert. Von dort aus wird es jedoch zurück reflektiert. Die Kugel bedingt jedoch, einen halbtranceartigen Zustand zu schaffen. Die glatte, runde Oberfläche begünstigt diesen Vorgang.

Die Parapsychologie nennt eine besondere Art des Hellsehens 'Psychometrisches Schauen'. Wie ist diese seltene Fähigkeit zu erklären?
Das Bewußtsein beziehungsweise die Seele mit ihrem Astralleib ist kosmisch, also als Schwingungen im Uni-

versum vorhanden. Es ist ein zusammenhängendes System eigener Frequenzen. Der hellsehende beziehungsweise mediale Schauer versucht mit Hilfe eines Konzentrationsmittels - Fotografie, Brief oder ähnliches - sich selbst auf diese Frequenz der anderen Seele einzustellen. Wenn ihm das, wenn auch nur teilweise, gelingt, erfaßt er gefühlsmäßig das, was er wissen möchte. Dazu gehört aber eine gute Sensitivität. Zeit und Raum spielen keine Rolle, da alles Universelle im Universum Platz hat und aufgehoben bleibt. Daher ist es möglich, daß der Charakter eines Menschen erfaßt werden kann, der schon hunderte von Jahren 'tot' ist. Es kommt stets darauf an, ob das Konzentrationsmittel genügend Eignung besitzt. Alte Säulen mit Hieroglyphen sind sehr geeignet, das Wesen eines Volkes zu erfassen. Alles basiert auf Vibration.

Was haltet Ihr von Sprechmedien?
Die Sprechmedien haben schon zur Zeit Christi eine große Rolle gespielt. Aber trotzdem sie großes geleistet haben und noch leisten, sind die meisten nicht ganz zuverlässig. Meistens ist es einem jenseitigen Führer nicht immer möglich, das Bewußtsein des Sprechmediums so zu verdrängen, daß es sich an der Durchgabe nicht beteiligt. Es kommt oft vor, daß der Jenseitige durch das Unterbewußtsein des Sprechmediums verdrängt wird.

Sage uns bitte etwas über die Trance-Medien.
In England ist man der Meinung, daß zu einem richti-

gen Zirkel auch ein Trance-Medium gehört. Diese Auffassung wird von uns nicht geteilt. Trotzdem nehmen wir die Gelegenheit wahr, sofern sie sich bietet, durch das Medium zu sprechen.

Ist das anstrengend für Euch?
Das Sprechen nicht, nur das Hineingelangen in den anderen Körper. Häufig stört mich beim Sprechen das Unterbewußtsein des Mediums, es lenkt mich von meiner Konzentration ab. Wenn ich zum Beispiel durch den Mund eines Mediums spreche und eine Pause mache, so passiert es hin und wieder, daß der Mund das Unterbewußtsein des Mediums zum Ausdruck bringt. Somit werde ich bei meinen Ausführungen gestört.

Die andere Seele wird doch dabei irgendwie verdrängt. Ist das eine Gefahr für den Körper?
Ja!

Kann es vorkommen, daß geistige Führer ihren Medien geistig immer überlegen sind?
Nein, diese Ansicht vertrete ich nicht. Es hängt immer von der Aufgabe ab, die erfüllt werden muß und von der Bedeutung, die der Bezeichnung 'Führer' unterstellt wird. Die in meiner Welt mit irdischen Instrumenten verbunden sind, wirken kooperativ. Gewöhnlich verknüpft das Medium ein Band, das die leitende Intelligenz in den Händen hält. Es ist derjenige, der genauer als der geistige Führer bezeichnet wird, denn der Rest

arbeitet unter seiner Leitung, und, obwohl manchmal einige von ihnen sich durch das Medium offenbaren, geschieht dies nur auf Veranlassung des einen, der für alles verantwortlich ist. Ihre Tätigkeit ist nicht die gleiche. Deshalb wird von uns das Wort 'Kontrolle' benutzt, um den Unterschied herauszustellen zwischen zwei Wesen, die sich durch das Medium manifestieren. Wenn auf die üblichen Methoden Bezug genommen wird - ich meine die Medien in Trance - dann ist es in jedem Falle wahr, daß der leitende geistige Führer dem Medium geistig überlegen ist. Gewisse physikalische Erscheinungen treten gruppenweise auf, bringen Ergebnisse hervor, die keine großen spirituellen Kenntnisse voraussetzen. Tatsächlich können einige von ihnen ihre Funktionen aufgrund ihrer Nähe zu irdischen Verhältnissen gut erfüllen. In solchen Fällen kann gesagt werden, daß die Mitglieder der geistigen Verbindung nicht unbedingt dem Medium geistig voraus sein müssen. Im Allgemeinen übt aber der geistige Führer den kontrollierenden, leitenden Einfluß aus. Im anderem Falle kann die Initiative nicht gut genug von unserer Seite zu euch kommen.

Kannst Du uns verraten, wie die materialisierte Stimme zustande kommt?
Durch einen sehr gewaltigen starken Willen, durch beispiellose Konzentrationskraft und durch eine besondere Medialität des Mediums.

Welche Art der medialen Mitteilung haltet ist die beste?
Wir sind erfahrungsgemäß der Ansicht, daß die unbewußte Medialschrift am sichersten ist. Das erfahrene Medium darf die Schriftführung nicht verfolgen. Das Medium darf nicht wissen, was der jenseitige Führer schreibt. Es darf den geschriebenen Text erst vorlesen, wenn die Antwort vollständig niedergeschrieben ist. Das ist die sicherste Art der Kommunikation.

Du meinst die vollautomatische Medialschrift?
Das Medium handelt wie ein von uns gesteuerter Roboter. Es ist wie ein Automat, den wir bedienen. Wenn die Gedanken des Mediums nichts mit unseren Antworten gemein haben, so ist es geistig nicht an unsere Gedanken angeschlossen, das heißt es besteht zwischen Diesseits und Jenseits keine Telepathie. Diese automatische Handlung bezeichnet ihr als vollautomatisch - medial.

Materie ist doch für Euch nicht fühlbar. Ihr könnt diese Materie durchdringen, trotzdem wird die Hand fest geführt. Durch welchen Vorgang geschieht das, über das Gehirn des Mediums oder über das Nervensystem?
Wir fühlen, ohne daß das Medium etwas merkt, mit der Hand. Nur führen wir jede Bewegung des Armes, der nicht unser eigen ist, von unserem Willen gelenkt aus.

Also der Wille lenkt die Hand des Mediums?
Unser Wille, nicht der Wille des Mediums. Aber das

nicht allein. Ich sagte ja, obendrein fühlen wir physisch mit dem Arm und mit der Hand. Es ist, als wäre der Arm des Mediums unser eigener, materieller Arm, nur daß unser Arm nur für uns sichtbar ist. Mit kurzen Worten: der Arm des Mediums ist nicht durch das Medium beseelt, dieser Arm ist wie bei einer Hypnose ausgeschaltet. Dafür beseelen wir, das heißt einer von uns den Arm und geben ihm Bewegung mit Hilfe unseres Willens.

Wenn ich ein Medium beim Schreiben beobachte, so drängt sich mir die Frage auf, ob die Hand des Mediums durch Deinen Willen oder durch Deinen Astralkörper geführt wird?
Die Hand des Mediums wird durch unseren Astralkörper geführt als sei sie die eigene im Fleische. Das Gefühl ist so, und das läßt sich auch gar nicht vermeiden, als wäre meine Hand eingeschlafen, etwas stumpf.

Wie steht es mit der Sicherheit des Medialschreibens?
Auch beim Medialschreiben gibt es Unsicherheiten, doch treten sie dabei seltener auf. Wenn das Medium zu stark an der Frage interessiert ist, so mischt sich auch das Unterbewußtsein ein. Das Medium muß das jedoch erkennen, wenn es die Antwort während des Schreibens sofort weiß. Ein wirklich gutes Schreibmedium interessiert sich nicht für die gestellten Fragen und ist auch nicht neugierig auf die Antworten. Außerdem weiß ein solches Medium nicht, was seine Hand aufschreibt.

Dazu gehört aber eine jahrelange Übung. Übrigens darf ein zuverlässiges Medium selbst keine Frage stellen. Jedes Medium sollte nicht aktiv, sondern passiv nur ein Mittler sein.

Warum wird die Hand des Mediums beim Schreiben in einem so hohen Tempo bewegt, daß die Schrift kaum zu entziffern ist?
Ich muß einfach mit der Hand mit. Die Hand des Mediums zieht mich mit. Das Medium hat jedoch den Eindruck, als würde seine Hand durch mich so heftig bewegt. Es ist, als ob ihr bei einem Auto den Gashebel nur ganz leicht herunterdrückt und der Wagen reagiert sofort und macht einen heftigen Satz nach vorn. So geht es mir auch heute beim Schreiben.

Welche Einflüsse beeinträchtigen die Lesbarkeit einer Medialschrift?
Zu stark besetzte Zirkel geben zu viel Odkraft ab, dadurch wird die Schreibkraft überlastet. Wenn ich undeutlich schreibe, so liegt das teils an meinem Temperament und teils an ungleichmäßig verteilter Odkraft. Kleinere Zirkel mit 6 - 8 Personen geben die erforderliche Odkraft besser ab.

Während der Medialschrift entsteht jedesmal eine kleine Pause, sobald der Stift vom Papier abgesetzt wird. Entsteht dadurch eine bedeutende Hinderung?
Im Gegenteil, es ist nämlich wichtig, daß in den Pausen

der Fragestellung die Hand des Mediums auf dem Papier in der Schwebe bleibt, damit der Kontakt möglichst bald wieder geschlossen wird.
(Während des Medialschreibens, das etwa 2 Stunden dauert, wird der Arm niemals auf den Tisch aufgelegt oder gestützt. Der Arm bleibt immer in der Schwebe. Normalerweise würde der Arm ermüden oder verkrampfen. Doch das Medium zeigt keine Ermüdung, weil der Arm vom Geistführer gestützt wird. Michelangelo zum Beispiel malte auf dem Rücken liegend. Sein Arm wurde dabei stundenlang hochgehalten. Da er medial war und durch geistige Kräfte unterstützt wurde, spürte er keine Ermüdung. Kunstsachverständige haben sich über dieses Phänomen gewundert, ohne eine Erklärung zu finden. Anm. der Herausgeber)

Wie würde es sich auswirken, wenn das Medium jedesmal den Stift aus der Hand legen würde?
Das wäre ein großes Handikap, denn dann müßte der Zirkelleiter jedesmal eine neue Platte auflegen, damit durch entsprechende Musik die erforderliche Schwingung und Harmonie wieder hergestellt wird.

Welche Kraft benutzt Ihr für die automatische Handführung des Mediums?
Es ist die Zusammenballung eines Fluids, das Od, das von den Anwesenden ausgestrahlt wird. Darum kann das Medium im Zirkel besser schreiben, als allein, wo es kaum möglich ist, daß es selbst genügend Fluid ab-

gibt. Ich ziehe die Hand nach meinem Willen. Es ist für uns beide nicht einfach, und es ist Übung. Ich weiß, meine Schrift ist schlecht, aber das war sie auch zu meiner irdischen Lebzeit. Außerdem muß die Medialschrift schwer leserlich sein, denn das schaltet jede Halbautomatik aus. Die Kraft beginnt am Handgelenk.

Woher nehmt Ihr die Od-Kraft, um die Hand des Mediums zu steuern?
Die Kraft kommt von euch. Ich beanspruche sie von euch allein - und mit dieser Kraft beweise ich im Dienste Gottes die Wahrheit von der Unsterblichkeit der menschlichen Seele und zugleich die unendliche Liebe Gottes.

Wie wird diese Kraft von Euch empfunden?
Ich empfinde sie als Strom. Ich beanspruche sie für den Leitfaden. Dieser Faden darf während meines Hierseins nicht abreißen. Doch ich brauche nicht viel Kraft, weil ich euch gar zu gut kenne und liebe. Fast das Zehnfache verbrauche ich in fremder Atmosphäre. Diese Kraft ist für mich und mein Medium sehr wichtig. Die Ausgeglichenheit der Teilnehmer ist unbedingt zu spüren, andernfalls ist es sehr hindernd. Daher ist bei guter Harmonie immer die größte Freude zu erwarten.

Ein sehr sicheres Schreibmedium kann auch gut zeichnen, wenn der Geistige Führer selbst ein guter Zeichner ist. Kannst Du uns diesen Vorgang näher erklären?

Dabei ist es sehr wichtig, daß das Medium an die Handführung gewöhnt wird. Bei der Schrift ist es nicht so wichtig, ob die Linien stimmen, die Hauptsache ist dabei, daß man die Schrift entziffern kann. Aber bei einer medialen Zeichnung müssen die Linien millimetergenau sein. Unserer Meinung nach ist ein gutes Zeichenmedium die Krone der Medialschrift.

Diese enormen Leistungen des Mediums, wie auch die des jenseitigen Zeichners, wird kaum gewürdigt. Das kommt daher, weil die meisten Menschen nichts von diesem Vorgang wissen.

Es handelt sich nicht allein um die Würdigung einer Skizze, sondern die Hauptleistung ist selbstverständlich die mediale Malerei. Die großen Künstler, welche besonders in den Kirchen gemalt haben, wurden stets von Jenseitigen unterstützt. Diese Tatsache ergibt sich aus den Perspektiven und der Armhaltung in allen Lagen. Allein kann das kein Künstler ausüben.

Wir beobachten beim Medialschreiben, daß Du auf dem Bogen sämtliche Zwischenräume mit ausfüllst, was doch eigentlich nicht notwendig ist. Hat das einen besonderen Grund?

Wenn ich zwischen den Zeilen noch etwas hinzufüge, ohne daß ich das Wenden des Bogens abwarte, so geschieht das nicht aus Sparsamkeit, sondern um den medialen Kontakt nicht zu unterbrechen, denn jeder Neuanfang der Schrift bedeutet einen Kraftverlust.

Wird der Medialkontakt nur über die Hand des Mediums geführt, oder wird das Hirn mitbenutzt?
Bei einem Kontakt, wie er hier stattfindet, wird der ganze Körper in Anspruch genommen. Allerdings bleibt das Bewußtsein des Mediums unberührt, daher weiß das Medium auch niemals, was von jenseitiger Hand aus geschrieben wird. Derartige Kontakte bedeuten tatsächlich eine Höchstleistung auf diesem Gebiet, denn sie verbürgen die größte Zuverlässigkeit der Durchgaben.

Ist das automatische Schreiben sehr anstrengend?
Das automatische Schreiben hat uns eine Zeit lang sehr angestrengt und auch die Medien. Heute jedoch ist das automatische Schreiben für die Dauer von ein bis eineinhalb Stunden für uns eine leichte Selbstverständlichkeit. Nach der angegebenen Zeit ist das Medium etwas hungrig und ermüdet. Aber im Schlaf werden sie von uns magnetisiert.

Es gibt doch Medien, die ganze Bücher medial schreiben und der Inneren Stimme zuhören, die ihnen den Text diktiert. Was haltet Ihr von diesen Medien?
Ich weiß, es sind die sogenannten Hellhörmedien. Diese können selbstverständliche gute Mitteilungen aus der Geistwelt empfangen. Da sie aber während des Schreibens den Text Wort für Wort verfolgen und sich obendrein noch in das Thema vertiefen, so werden sie zu etwa fünfzig Prozent eigene Mitarbeiter an dem Thema.

Hier liegt dann die Gefahr, daß die niedergeschriebenen Kommunikationen nicht hundertprozentig aus der Welt der Seelen stammen. So ergibt sich keine Garantie der absoluten Echtheit.

Fast alle Medien haben die Beobachtung gemacht, daß bei einer Geistannäherung ein Kältegefühl auftritt. Wie kommt das?
Ja, das stimmt. Aber bei Schreibkontakten ist es umgekehrt. Die Wärme wird vom Medium durch die enorme Tätigkeit des Armes und der Hand erzeugt. Bei Sprechmedien und auch bei physikalischen Experimenten entsteht das Kältegefühl. Das Geistige Reich hat niedrigere Temperaturen. Man kann sagen, daß unser Dasein unter dem Gefrierpunkt liegt. Aber wir selbst empfinden diese Kälte nicht. Wärmewellen wirken hemmend auf die Superfeinstrahlen, welche vom Astralkörper ausgehen. Aber das Medium empfindet infolge der hohen Sensitivität nur diese Astralkälte. In Wirklichkeit ändert sich an der irdischen Temperatur nichts. Ihr könnt also die geistige Kälte nicht messen.

Wir wundern uns immer wieder über eure augenblicklichen Antworten, die wir schriftlich empfangen. Wir fragen deshalb, ob ihr die Materie gut sehen könnt? Könnt ihr uns und alle Gegenstände genauso gut erkennen, wie im irdischen Leben?
Ja, das können wir sehr gut, sogar noch besser als im materiellen Körper. Auch unsere Augen sind optisch

und reagieren auf das Sonnenlicht. Doch wir sehen Geistiges und Materielles gleich gut. Darüber hinaus ist das geistige Sehen sehr stark mit dem Gefühl verbunden - und somit nehmen wir alles mit der Seele auf. Außerdem kommt noch hinzu, daß jede irdische Vorstellung erhalten bleibt, das heißt daß uns viele Dinge bekannt sind, welche wir mit ins Geistige Reich hinüber nehmen und die uns dort eine geistige Stütze sind. Dazu gehört zum Beispiel auch das im Erdenleben erworbene Organisationstalent.

Ist das Gefühl eurer Körperlichkeit ähnlich wie im Erdenleben?
Dieses Gefühl ist im Jenseits noch stärker ausgeprägt, ebenfalls jeder Sinn. Man kann sagen, daß eine Seele ein Vollamputierter ist, dem man den ganzen irdischen Körper entfernt hat. Wohlgemerkt: Auch die auf der Erde lebenden Teilamputierten spüren noch ihre fehlenden Glieder, als ob sie noch vorhanden wären. Dieses Gefühl ist so stark vorhanden, daß sie das Kratzen mit dem geistigen Fingernagel fühlen (hier spricht die Medizin irrtümlich von 'Bewußtseinsreflektion' und vom 'Erinnerungsecho'; Anm. der Herausgeber).

Sinn und Zweck der medialen Arbeit

Noch immer werden spirituelle Medien angegriffen oder lächerlich gemacht. Was sagst Du dazu?
Es ist immer gut, wenn die Abneigung von denen kommt, die euch nicht lieben. Dies hat eine vereinigende Wirkung, denn es schweißt alle Kleinen, die die gleichen Feinde haben, zu einer großen Macht zusammen. Es ist unmöglich, alle Werkzeuge des Großen Geistes einzusperren oder alles abzuriegeln, was der Ausbreitung der Wahrheit dient. Ein Teil eurer Arbeit besteht darin, die Flamme der Freiheit brennend zu erhalten und alle zu lehren, wie sie durch Eifer und Enthusiasmus in Brand gehalten werden kann, wie die Liebe zur Unabhängigkeit wieder entzündet werden kann, wie sie erneuert und gestärkt wird durch die Macht des Geistes. Wenn man die Gemüter der Menschen erst einmal befreit hat, wollen sie nicht mehr in Knechtschaft leben. Wir haben die Befreiung in die Wege geleitet, durch uns wurden zum Beispiel viele der Pfaffenlist entzogen, andere aus den Handschellen der Theologie befreit und wieder anderen wurden die Hemmschuhe der falschen Glaubensbekenntnisse abgenommen. Tausende haben nun das Gefühl, daß sie nicht mehr mit irgendwelchen Fesseln belastet sind. Sie sind nun freier und fühlen den gesunden Hauch der geordneten Freiheit; sie leben im Sonnenschein des seelischen Gelöstseins!
Ich sehe nichts, was zur Beängstigung Anlaß geben

sollte. Unsere Bewegung wird stärker und stärker werden, weil immer mehr Medien sich der Macht des Geistes zur Verfügung stellen. Es ist unsere Aufgabe, so viel wie nur möglich in den Wirkungskreis der Geistigen Macht zu bringen. Das hat dann eine zweifache Wirkung: Erstens werden ihre eigenen geistigen Kräfte freigemacht und zweitens sind sie dadurch in den Stand gesetzt, den Einfluß derer zu empfangen, die sie lieben! Die Liebe, die auf dem Wunsche, zu dienen, aufgebaut ist, ist die weitaus größte Liebe im ganzen Universum.
Die Parole heißt: 'Liebe über alle Grenzen!'
Immer, wenn eure Herzen, euer Geist und eure Seelen sich dem großen Zweck zuwenden, das Schicksal der anderen zu verbessern, zieht ihr ein glänzendes Heer an, das keinen Wert auf Schönheit und Glorie legt, was ein Teil ihrer Belohnung ist, so lange Millionen Menschen der schwächste Blick auf die enorme Schönheit der Erde versagt ist. Wenn ihr mit den Augen des Geistes sehen könntet, würdet ihr die helle Fackel erschauen können, die durch alle Sphären dringt. Ihr würdet verstehen können, daß kein Wesen in eurer Welt verlassen, vernachlässigt oder verstoßen ist, denn das Band des Geistes hält alles, vom Kleinsten was euch bekannt ist bis hinauf zum Höchsten, das ihr euch noch nicht vorstellen könnt, zusammen. Von den höchsten Sphären des Seins herab geben die Strahlenden ihre Kraft durch die einzelnen Bindeglieder, bis sie durch die irdischen Kanäle zu euch fließt.

Es ist eine mächtige, treibende Kraft, die der Geist beherrscht, weit stärker, als ich es euch erklären kann. Wir sind einen weiten Weg miteinander gegangen, doch sind wir noch lange nicht am Ende angelangt. Vieles wurde geschafft, aber weit mehr muß noch getan werden. Es wurde mehr erreicht, als euch bekannt wird. Ihr könnt die gesamten Folgen unseres Wirkens nicht klar übersehen. Aber vielen ist noch nicht bewußt geworden, daß sie bereits vom Hauch des Geistes erreicht worden sind. Doch sie spüren bereits eine gewaltige Macht, die sich ihnen mitteilt. Die Angst vor dem Tode wird mehr und mehr zurückgedrängt. Nur so kann der Mensch gesunden - an Leib und Seele - und die Gottheit verstehen!

Wir wissen jetzt, daß Christus einen göttlichen Auftrag hatte. Ihr selbst habt einen göttlichen Auftrag zu erfüllen. Kannst Du uns sagen, wer noch einen solchen Auftrag hatte?
Das ist eine dumme Frage. Ihr selbst habt einen göttlichen Auftrag zu erfüllen. Und das müßtet ihr doch wissen. Darum habt ihr ja über zwanzig Jahre lang eine göttliche Unterstützung gehabt, die Wahrheit zu erforschen.

Werden die hier auf Erden wirkenden Medien im Jenseits auf ihre künftige Arbeit vorbereitet?
Nein, das steht ihnen im Diesseits frei. Haben sie das Gefühl dafür, so können sie wirken oder sie lehnen es ab, es liegt an ihnen. Machen sie es sich zur Berufung,

so ist es freiwillig. Gezwungen werden sie niemals, auch nicht durch Leiden. Doch uns beglückt es sehr, mit euch zusammen sein zu können. So können wir gemeinsam vorwärts gehen, um zum Wohle für das Diesseits und für das Jenseits wirken. Das ist die Große Mission, welche ihr zu erfüllen sucht, zum Guten. Ihr helft damit euch und auch uns.

Werden in Zukunft mehr Medien von Euch ausgebildet werden?
Das große Werk muß fortgeführt werden. Dafür stehen heute schon viele Instrumente zur Verfügung. Ich bin überzeugt, daß der Hauptkampf bereits vorüber ist. Dieser wurde bereits vor vielen Jahren gewonnen. Brasilien gibt ein Zeugnis dafür. Es gab jedoch eine Zeit, wo das Schicksal der absoluten Wahrheit nur an einem schwachen Faden hing. Damals schien es, als ob die Widersacher, die mit den Mächten des Irrtums und des Aberglaubens verbunden waren, siegen würden. Diese Tage sind jedoch längst vorüber. Von denen, die heute auf dem Tätigkeitsfeld der Verbreitung der Wahrheit arbeiten, werden in keinem Vergleich derartige Opfer verlangt, wie sie die Medien vergangener Tage bringen mußten. Was ihr auch immer zu erleiden habt, es steht in keinem Verhältnis zu den Opfern, die früher erbracht werden mußten. Die große Schlacht für die Wahrheit wurde bereits geschlagen, und für den Versuch, die Zeit zurückzudrehen, ist es schon lange zu spät. Die Literatur hat die absolute Wahrheit bereits sichergestellt. Es

kommt nur noch darauf an, diese Literatur allgemein zugänglich zu machen, das heißt sie so interessant zu machen, daß sie auch von den Unwissenden gelesen und beachtet wird. Die Wahrheit ist im Herzen vieler Menschen verankert und kann nicht mehr verleugnet werden. Die Macht des Widerstandes wird mehr und mehr gebrochen. Es kann nicht mehr gesagt werden: Ich verbiete euch, die Trauernden zu trösten, die Kranken zu heilen, die Betrübten aufzurichten und den Müden und Verirrten Hilfe und Führung zu geben. Die Zukunft gehört nicht jenen, die euch die Hindernisse in den Weg gestellt haben..

Ihr werdet aber um folgendes gebeten: Seid dem Lichte treu, das euch anvertraut wurde und verbreitet überall in der Welt das Wissen, das euch aus dem Geistigen Reich gegeben wird. Weist alle auf die große Macht des Geistes hin, die jeden Kummer und jede Krankheit vertreiben kann. Nur die Macht des Geistes kann einen Todkranken wieder aufrichten. Die Macht des Geistes strömt heute durch viele Medien, auch wenn es sich um Inspiration handelt. Die Zeugen dieser Macht befinden sich nicht in den Kreisen der Armut und der Einsamen und Bescheidenen. Richtet die Unwissenden auf. Denn sie haben es sehr nötig. Jeder hat nur seinen Teil zur Absoluten Wahrheit beizutragen. Unmögliches wird von keinem verlangt. Seht aber zu, daß euer Tun und Lassen mit eurem neuen Wissen im Einklang steht. Denn viele Augen schauen gerade auf euch, die ihr von der Wahrheit redet. Ihr seid die Vorbilder der neuen Offenbarung.

Ihr seid die Augenzeugen der Tatsache, daß der Große Geist ewige Wahrheit durch alle Zeiten enthüllt und daß heute eine Welt, die sich nach Führung sehnt, diese Wahrheit durch das Geistige Reich empfangen kann, wenn sie erwünscht ist. Die ganze Welt befindet sich in einer schnellen Veränderung. Wenn die irdische Führung versagt, so wendet euch an die höhere Führung, die nicht versagen wird. Haltet die Medien nicht für unnormale Menschen, sondern für das, was sie wirklich sind. Sie sind die Mittler zwischen Gott und dem Menschen.

Wenn wir mit Dir sprechen wollen, so mußt Du doch zu uns kommen. Ist es sehr schwer, mit uns zu korrespondieren?
Selbstverständlich brauche ich, beziehungsweise wir zum Korrespondieren ein gutes Instrument, also ein brauchbares Medium. Wenn das erkundet ist, müssen wir dasselbe ausbilden und beschützen, damit es nicht von übler Seite aus mißbraucht wird. Doch wenn wir zu euch kommen, so ist das ein Opfer, denn wir werden angegriffen und können sogar unsere Objektivität in Gefahr bringen. Ihr könnt euch nicht vorstellen, was alles organisiert werden muß, wenn wir mit euch sprechen wollen. Ohne diese Organisation würde es nur ein Durcheinander geben. Viele gute Lehrer lehnen es ab, die Erdsphären zu besuchen. Wer will schon ein Land verlassen, wo es viel schöner und besser ist? Aber ich weiß, daß ich für euch nur von geringem Wert wäre,

wenn ich mich nicht wieder eine Zeit lang zurückziehen würde, denn nur in den inneren oberen Sphären kann die Kraft zu dem Werk, das auszuführen ist, geholt werden. Wenn ich wieder dort bin, habe ich wenig Verlangen, wegzugehen, denn dort gehöre ich hin. Es ist eine Welt von unaussprechlicher Schönheit, wo die strahlenden Freuden überragend in ihrer Entfaltung sind. Noch ist aber viel zu tun. Ich muß mich auch darüber unterrichten, ob dort vollkommene Zustimmung über das herrscht, was in einer gewissen Richtung erreicht wurde. Auch möchte ich jene gerne wiedersehen, die mir in geistiger Hinsicht nahe stehen. Vergeßt mich nicht, wenn ich fort bin und denkt daran, daß mein Einfluß bei euch verbleibt. Ich werde zu euch zurückkehren und mit meiner selbst gewählten Aufgabe fortfahren. Ich will euer ständiger Beschützer, euer unsichtbarer Diener sein. Es ist eine Lust, euer Leben zu teilen, es ist ein Vorrecht, euch dienen zu können.

Stimmt es, daß Du von medial veranlagten Menschen gesehen wurdest?
Meine Aufgabe wurde mir durch meine vielen irdischen Freunde erleichtert, die mich nicht nur als Stimme oder Schrift, sondern als individuelle Person kennen. Die Liebe, die ich von euch erhalte, hilft mir, mein Werk fortzusetzen. Wir denken immer an jene, die traurig sind und weinen, die mit Kummer und Sorgen beladen sind, die voller Zweifel und Todesfurcht zerrissen sind. Wir wissen, daß wir nicht ruhen dürfen, ehe wir ihnen nicht

Linderung gebracht haben, damit ihr Leben erleichtert wird. Das ist ein großes Werk, das uns alle verbindet und ständig auffordert, das Äußerste zu tun, ja, auch die finanziellen Opfer zur Belehrung zu bringen. Wir können diese finanziellen Opfer nicht bringen, dafür bringen wir andere Opfer, von denen ihr keine Vorstellung habt, und die euch erschauern lassen würden. Wir führen einen erbitterten Kampf gegen die sogenannte Hölle, die unsere Mission mit allen unfairen Mitteln angreift. Wir tun das unsere, tut darum bitte das eure in dieser Weise. Wenn wir diese Aufgaben erfüllen, zeigen wir, daß wir treue Instrumente der großen Macht sind, die uns mit ihrer ganzen Liebe umfängt. Eure Welt wird nicht von unten, sondern von oben regiert. Die irdischen Gesetze sind dem Wechsel und den Veränderungen unterworfen, sie können auch aufgehoben werden.

Die meisten Menschen zweifeln an einem Jenseits, weil sie derartige Kontakte mit dem Jenseits einer Wahnvorstellung oder religiösen Ekstase zuschreiben. Gibt es eine Möglichkeit, die allgemeinen derzeitigen Kontakte zum Geistigen Reich noch zu verbessern?
Eine Verbesserung wird erst dann möglich sein, wenn die Menschheit die Reife dazu erlangt hat. Augenblicklich besteht diese Reife noch nicht, das beweisen die Kriege und Verbrechen jeder Art. Aber es sind viele positive Kräfte am Werk. Und es gibt schon viele Menschen, die sehr gut unterscheiden können, was gut und was schlecht ist. Die Welt wird sich ändern, wenn es zu

einer Übersättigung des Schlechten kommt. Heute ist es bereits so weit, daß viele Menschen keine politischen Phrasen mehr hören wollen. Auch das Negative kann überspannt werden - und das ist bereits der Fall. Natürlich könnt ihr nicht die ganze Welt auf ein besseres Niveau bringen, aber es genügt, wenn als Anfang ein gewisser Teil davon lernt. Wir können selbstverständlich vieles bringen, aber ihr würdet es nicht verstehen. Also müssen wir in unserer Lehrtätigkeit Schritt für Schritt vorwärts gehen. Wenn ich bedenke, welche ungeheuren Wahrheiten bereits an die Öffentlichkeit gelangt sind, so nenne ich das einen Erfolg. Die Broschüren, die ihr herausgebracht habt, sind sehr beachtet worden. Wir können sagen, daß unsere Zusammenarbeit erfolgreich war.

Aber noch gibt es Wahrheiten, die ihr nicht verstehen würdet.

Die Mediale Arbeit und Ihre Voraussetzungen

Welche Bedeutung hat die Kette, das Handreichen im Zirkel, und welche Kräfte werden dabei frei?
Die Kette kann unter Umständen wesentlich zur Herstellung guter Harmonie dienen. Ein Außenseiter wird durch die Kette sozusagen positiver beeinflußt, und es wird ihm schwerer, dagegen anzuarbeiten.

Das Sprechen im Trance-Zustand ist schon zu biblischen Zeiten bekannt gewesen. Doch kommt es vor, daß auch von den Trance-Medien manchmal Unwahrheiten und Irrtümer verbreitet werden. Wie ist das möglich, zumal diese Medien einen langjährigen Führungsgeist zur Verfügung haben?
Die Kommunikation mit einem Sprechmedium ist sehr schwer. Wenn das Medium aber in irgendeiner Weise eigensinnig ist, sich zum Beispiel fest an ein kirchliches Dogma hält, so ist es für den jenseitigen Geist völlig unmöglich, sich durchzusetzen. Diese Pausen benutzt das Medium, sich selbst kundzutun.

Aber es fungiert doch auch ein Kontrollgeist dabei?
Die Kontrolle scheitert ebenfalls am fanatischen Eigensinn des Mediums. Doch wenn das Medium völlig passiv ist und sich nicht in das Trancesprechen einmischt, kann der Führergeist sich gut durchsetzen.

Wie kann ich erkennen, daß mein geistiger Führer positiv ist?
Ihr müßt selbst prüfen können, wann die Botschaft glaubhaft ist. Es wird euch auch viel Honig um die Schnute geschmiert. Wenn ihr aber ermahnt und erzogen werdet, ist die Botschaft echt. Doch Ausdrücke wie mein 'Engelchen' oder 'mein Kleines' und 'mein Kindchen', 'mein Goldkind' - das ist Fopperei!

Liegt der Odverbrauch des Mediums bei geistigen Fragen günstiger als bei materiellen Fragen?
Bei geistigen Fragen wesentlich günstiger!

Wie können wir den Spiritualismus praktisch fördern?
Wir möchten gern gute Medien sehen und welche ausbilden und anleiten können - aber sie müssen sich auch belehren lassen.

Weil sie nicht genügend überzeugt sind?
Doch schon. Aber sie wollen mit ihrem eigenen Kopf durch die Wand. Es dauert gewiß ein Jahr zur Entwicklung, langsam, alle vierzehn Tage höchstens einmal. Wir können keine großen Sprünge machen. Es ist leicht zu sagen, doch schwer zu organisieren. Es ist bei solcher Arbeit immer starker Widerstand. Diesen zu brechen braucht Zeit. Glaube mir, immer langsam, Stein auf Stein. In fünf Jahren sieht die Arbeit anders aus.

Wir haben schon viele jenseitige Offenbarungen gele-

sen, die zum Teil veröffentlicht sind. Doch in den meisten Fällen stoßen wir auf Fehler. Wie ist das möglich, wenn diese Offenbarungen aus höheren Sphären kommen sollen?
Es ist bei vielen Offenbarungen oder Kommunikationen der Fall, daß sich hin und wieder eigene Gedanken des Mediums einschleichen. Das ist besonders bei Sprechmedien oder bei Inspirationsmedien der Fall. Dieser Vorgang muß nicht immer vom Bösen inszeniert worden sein. Oft sind die eigenen Gedanken über das Thema von großem ethischen Wert und drücken oft das aus, was der Geist durch die Offenbarung kundtun wollte. Allerdings geschieht es auch, daß gerade das eigene unbewußte Denken die Offenbarung in ein falsches Licht rückt.

Du sprichst von einem eigenen unbewußten Denken. Kannst Du uns bitte diesen Vorgang näher erklären?
Es handelt sich um ein ungewolltes Denken. Jeder von euch kann es erleben, daß er, wenn er die Augen schließt und versucht, an nichts zu denken, sich ihm automatisch die kuriosesten und unglaublichsten Gedanken aufdrängen. Diese Gedanken sind mit bildhaften Eindrücken verbunden. Dieser Vorgang ist natürlich und beweist, daß die Seele ununterbrochen in Tätigkeit ist. Dieser Vorgang erklärt aber auch das unbewußte, ungewollte Denken.

Könnten auch wir in unserem Kreis gefoppt werden?

Das ist heute kaum möglich. Außerdem würdet ihr es sofort merken. Die niedere jenseitige Welt weiß genau, daß sie damit bei euch nicht mehr durchkommt. Die Medien stellen selbst keine Fragen und denken während der Sitzung nicht darüber nach. Innerhalb einer Zeit von fast zwanzig Jahren haben wir gemeinsam einen Schutzwall aufgebaut, der nicht zu durchbrechen ist.

Man sagt, daß es bei allen spirituellen Sitzungen sehr wichtig sei, daß sich der Kommunikationsgeist mit 'Gott zum Gruß' zu melden hat, andernfalls sei er ein Lügengeist. Stimmt das?

Nein, dem muß ich widersprechen. Ein Fopp- oder Lügengeist kennt keine Achtung vor Gott und hat auch keine Angst vor Strafe, weil er glaubt, daß der Widersacher ihn schützt. Er schwört bedenkenlos jeden Eid und schwört auch bei seinem Seelenheil, das sowieso schon verdammt ist. Ein kranker oder böser Geist scheut sich nicht im Geringsten davor, zu behaupten, daß er von Gott kommt. Leider fallen die meisten Medien und Teilnehmer darauf herein. Ihr könnt also auf ein 'Gott zum Gruß' keinen Wert legen, es gibt dafür keine Garantie. Trotzdem ist dieser Gruß eine spirituelle Begrüßung für alle Teilnehmer an einer Sitzung. Die beste Garantie ist die Freundschaft und der gemeinsame Wille, der Menschheit einen guten Dienst zu erweisen.

Kann die gute Geisterwelt auch boshafte Kundgaben aus dem Jenseits verhindern?

Nein, dagegen sind wir machtlos. Es sei denn, daß es sich um einen gut aufgebauten Zirkel handelt, der genügend abgeschirmt ist. Spiritueller Unsinn ist der größte Frevel, denn die heiligsten Gefühle im Menschen werden betrogen und enttäuscht. Erleben die Menschen einen solchen Betrug, so können sie nie wieder an etwas Gutes glauben. Wir haben ein Gelübde abgelegt, nur die reine Wahrheit zu lehren. Wir halten das Gelübde.
Der größte Teil aller jenseitigen Botschaften erfolgt unkontrolliert. Es ist die Aufgabe aller Zirkel, dafür zu sorgen, einen jenseitigen Kontakt zu schaffen, der eine Kontrolle hat. Diese Kontrolle ist eine Zensur, die jede Botschaft siebt. Außerdem werden alle nicht autorisierten Seelen von dem Medium ferngehalten.

Der Spiritualismus hat also nur dann einen Zweck, wenn er Kontakt mit der positiven Geistigen Welt hat. Ist das so?
Was die Verständigung beziehungsweise die Belehrung anbetrifft, so ist das eine selbstverständliche Voraussetzung. Beim Tischrücken beziehungsweise beim Spiritismus besteht die Gefahr, daß unerwünschte Geister herbeigelockt werden, die sich des Tisches bedienen möchten. Ist ihnen das erst einmal gelungen, so ist es sehr schwer, sie wieder loszuwerden.

Relativ häufig werden viele außersinnlichen Botschaften verfälscht. Auch unsere Botschaften sind verfälscht worden, ebenso unsere Medialzeichnungen. Warum

kann das Geistige Reich keine Kontrolle über die Botschaften ausüben, die über die Medien gegeben werden?
Auch im Geistigen Reich bilden sich Zirkel. In diese Zirkel kommt so leicht keiner herein. Daher sind sie von höherer Warte aus nicht zu kontrollieren. Dazu kommen noch die irdischen Einzelmedien, die keinen Schutz aufzuweisen haben. Ein Schutz ist immer erforderlich, wenn die Botschaften gut sein sollen. Aber der Aufbau eines derartigen Schutzes dauert oft jahrelang. Doch das dauert den meisten Medien zu lange.

Was ist zu beachten, um von Euch gute Informationen zu erhalten?
Der Wunsch nach Niveau-Verbesserung der Erdenmenschheit muß im Vordergrund stehen. Es müssen wichtige und ethische Fragen gestellt werden. Wenn die Absicht gut ist, so kann eine Freundschaft zwischen Diesseits und Jenseits zustande kommen. Es ist jedoch vorgekommen, daß durch falsche Zirkelleitung Teilnehmer oder auch Medien in der Psychatrie gelandet sind, weil sie dem Mißbrauch übler Geistwesen zum Opfer gefallen sind.

Wir kommen noch einmal auf die Botschaftsübermittlung zurück. Woran kann ein Einzelmedium erkennen, ob eine Botschaft echt ist?
Ein Einzelmedium ist gefährdet oder zumindest unsicher, wenn es selbst die Fragen stellt, besonders, wenn

es sich um Fragen handelt, die das Interesse des Mediums betreffen. Doch wenn der Geist sagt oder schreibt: 'Mein Engelchen, mein Kleines, mein liebes Goldkindchen!', dann ist es nur eine Fopperei. Diese Lobhudelei ist ein sicheres Zeichen für einen jenseitigen Unfug. Wenn die Botschaft euch ermahnt oder ein Mensch erzogen werden soll, dann ist sie echt. Darum ist es hauptsächlich die Aufgabe eines Zirkelleiters, festzustellen, ob nur Honig um den Mund geschmiert wird. Ein Zirkel mit jahrelanger Erfahrung arbeitet selbstverständlich besser. Liebe Freunde, ich will noch betonen, daß ihr nie den völligen Untergang der Erde erleben werdet. Das ist eine echte Botschaft. Das Licht wird bleiben, auch wenn alles noch so grau ist. Die Erde ist wunderschön und sie wird es auch bleiben, denn darüber bestimmt nicht der Mensch, sondern der Große Geist.

Kann ein Medium an verschiedenen Orten tätig sein, ohne dabei einen Schaden zu erleiden?
Die Gefahren nehmen zu, wenn das Medium allein wirkt. Gewiß, ein gutes Medium kann auch an anderen Orten wirken - aber meistens werden die damit verbundenen Gefahren unterschätzt. Bei allein wirkenden Medien kommt es somit vor, daß nur fünfzig Prozent Wahrheit durchkommt. Wir sind dagegen machtlos, weil wir keine Gewalt anwenden dürfen. Gewalt und Zwang ist ein gottloses Verhalten.

Wir wissen aus Erfahrung, daß ein Medium im Beisein

von einigen Zirkelteilnehmern besser arbeitet als allein. Die Teilnehmer spenden Od. Gibt es einen Ersatz für dieses Od, wenn das Medium unbedingt allein arbeiten muß?
Jede wohlriechende und schmückende Pflanze spendet Od, allerdings nicht so viel wie Menschen. Sogar ein Gummibaum kann Od spenden. Es bleibt gleich, ob es sich um Topf- oder Schnittblumen handelt. Außerdem muß frisches Wasser vorhanden sein.

Demnach ist es besser, mit einem Stammzirkel zu arbeiten. Doch wenn man Gäste zurückweist, kommt man sofort in den Verdacht, daß man etwas zu verbergen hat. Wie denkst Du darüber?
Ohne Zweifel arbeitet ein langjährig erfahrener Stammzirkel besser, obgleich Gäste interessante Themen streifen können. Doch das Vorurteil der ständigen Teilnehmer kann den ganzen Ablauf beeinflussen. Ein Vorurteil muß nicht immer ein Vorurteil sein, es kann sich dabei auch um eine innere Warnung handeln.
Die Zirkelteilnehmer sind genauso wichtig wie das Medium. Sie müssen unbedingt mehr als zwei Personen sein; denn es besteht keine zufriedenstellende Wechselwirkung der Kräfte zwischen zwei Personen. Wenn schon nicht genügend Kraft vorhanden ist, um die Türen zu öffnen, so ist schon gar keine Kontrolle für das vorhanden, was durch die jenseitige Tür hereinkommt. Es ist eine ganz natürliche Folge, daß alles Mögliche und Unerwünschte sich durch eine unbewachte Tür

Zutritt verschafft. Deshalb glaube ich nicht, dass ihr einen zufriedenstellenden Erfolg erzielen werdet, wenn ihr mit ungeeigneten Personen einen Zirkel durchführen wollt. Lieber weniger Personen in einem Zirkel, aber dafür erfahrene und erprobte Teilnehmer, die schon geistig geschult sind. Wichtig ist vor allem der Zirkelleiter; denn er ist der Türhüter, der erkennen muß,was über den Kontakt durchkommt. Nur der materielle Körper ist ein Leihgut, das den Gesetzen der Materie unterliegt. Das ganze Dilemma der Erkenntnislosigkeit kommt hauptsächlich daher, weil die Wissenschaft irrtümlich annimmt, daß das Bewusstsein und die Gedankentätigkeit eine Funktion des Hirns sei. Wenn sich das Hirn auflöst und nicht mehr funktionsfähig ist, so ist der Mensch vom Leben ausgeschieden und ins Nichts gegangen, nach deren Meinung. Diesen Unsinn zu widerlegen, ist die höchste und heiligste Aufgabe, die uns gestellt ist. Wir versuchen mit allen Mitteln hier Klarheit zu schaffen, weil wir die Quelle der Wahrheit entdeckt haben.

Wie wirken sich Gäste bei Euch aus?
Schlimm sind die Heuchler, die so tun, als wären sie überzeugt, trotzdem die Zweifel an ihnen nagen. Aber da wir sie telepathisch bereits kennen, können wir Schutzmaßnahmen organisieren.

Können sich die Geistwesen auch ohne ein Medium bemerkbar machen?

Nur in ganz seltenen Fällen, wenn die erforderlichen Kräfte dazu vorhanden sind. Man kann dafür keine Formeln aufstellen. Es ist fast immer ein Zusammenwirken von zwei verschieden gepolten Kräften. Es ist der Sinn der Sache, daß sich der Spiritist zum Spiritualisten entwickeln soll. Die Unterhaltung mit den 'Verstorbenen' bringt euch kaum etwas ein. Doch die Verbindung mit den wissenden Intelligenzen ist für euch überaus wertvoll. Eine solche Verbindung kennzeichnet den wahren Spiritualisten. Die Reinkarnations-Lehre ist ein Merkmal für den wirklichen Spiritualismus. Wer sie ablehnt, ist noch lange kein Spiritualist, auch wenn er sich mit dem Jenseitsverkehr befaßt.

Wir wundern uns, mit welcher Pünktlichkeit Ihr immer zu unseren Sitzungen erscheint.
Wir richten uns nicht nach der Uhr, sondern nach euren Gedanken.

Ein Leser schreibt, daß in seiner Nähe ein junges Medium tätig ist, das sehr stark beansprucht wird. Es zeigt sich jedoch, daß dieses Medium einen kranken Eindruck macht. Soll man es medial beschäftigen?
Wenn ein Medium, auch wenn es noch so gut ist, schlapp macht oder wenn es kränkelt, so soll man darauf Rücksicht nehmen und es nicht beanspruchen. Das wäre sonst eine Sünde gegen die Gesundheit eines Menschen. Man muß auch auf seine Neugierde verzichten können.

Wieviel Kraft kann von einem Medium genommen werden, ohne es gesundheitlich zu schädigen?
Ein Kontakt soll zwei Stunden nicht überschreiten. Mit der Kraft muß nämlich auf beiden Seiten gespart werden. Die Norm beträgt in vierzehn Tagen etwa vier Stunden. Eine Inspiration hat keine derartigen Grenzen. Das 'Sich öffnen' und die ehrliche Bitte um Inspiration macht diese leichter möglich.

Wird die Lebenskraft des Mediums überfordert?
Wenn ein Mißbrauch des Mediums vorliegt, dann wird die Lebenskraft selbstverständlich überfordert. Die meisten Zirkel denken nicht daran, daß ihre Medien mit äußerster Vorsicht zu behandeln sind. Der Mediumismus kann ein Medium zu einem Wrack machen, wenn die Sitzungen zu oft durchgeführt werden. Es muß ein Abstand von mindestens vierzehn Tagen eingehalten werden. Ein Medium wird während einer Sitzung völlig erschöpft, denn es muß einen Teil seiner Lebenskraft hingeben, bevor es in Tätigkeit tritt. Diese Hergabe der Lebenskraft beansprucht selbstverständlich auch das gesamte Nervensystem. Das Geistige Reich ist allerdings bemüht, diese verlorene Kraft zu ersetzen. Aus diesem Grunde dürfen die Sitzungen nicht plötzlich abgebrochen oder beendet werden. Am Schluß einer Sitzung muß eine harmonische Musik gespielt werden, bei der sich die Zirkelmitglieder völlig ruhig verhalten müssen. In dieser Zeit von etwa zehn Minuten erhält das Medium einen Teil der Kraft zurück.

Wenn wir unseren Zirkel vorbereiten, so sind gewisse Vorkehrungen nötig. Wir können nicht unverabredet und unvorbereitet einen Kontakt mit Euch herstellen. Wie ist es auf Eurer Seite? Müßt Ihr ähnliche Vorkehrungen treffen?
Wir organisieren einen Zirkel selten. Es sei denn, wir ziehen Erkundigungen ein, um auf gewisse Fragen zuverlässig zu antworten. Doch wir können große Räume in sehr kurzer Zeit durcheilen. Das macht es uns möglich, immer auf Abruf bereit zu sein. Doch stets ist wenigstens einer unserer Lichtboten zu meiner persönlichen Unterstützung zugegen. Wir haben viele Verpflichtungen. Diese Arbeit ist nur am Rande. Schon die Betreuung aller Teilnehmer und Leser ist eine große Aufgabe. Der Schutz des Zirkels und der Mission erfordert ein Riesenaufgebot von geschulten Seelen, die uns dabei helfen. Wir sind sofort für euch da, wenn ihr uns braucht. Das Frage- und Antwort-Spiel hat immer für beide Seiten sehr fruchtbringende Aspekte.

Haben die klimatischen Verhältnisse Einfluß auf die Medialität?
Gewiß, bei jedem Jenseitskontakt soll die Temperatur möglichst kühl sein, etwa bei zehn bis fünfzehn Grad Celsius. Die jenseitigen Seelen sind auch vom Klima abhängig, sie sind besonders gegen Luftströmungen empfindlich. Die Luft ist eine Materie, und der Geist ist gegen jede bewegliche Materie sehr empfindlich. Ein starker Luftzug kann uns fortwehen. Ein Sturm macht

unseren Aufenthalt unmöglich. Eine Sitzung, in der es stark zieht, ist für uns eine Anstrengung. Trotzdem benötigen viele Jenseitige einen freien Zutritt durch ein geöffnetes Fenster. Mit einem Staubsauger könnte man uns wegblasen. Nicht jeder Geist kann durch die Wände gehen. Aber eine Ritze im Fenster reicht schon aus. Der Geistkörper ist hochelastisch. Glas ist leichter als Stein zu durchdringen.

Die meisten Gläubigen sind der Ansicht, daß es im Himmel nur Glück und Frieden gibt. Doch der Himmel sieht scheinbar nicht danach aus.

Der Himmel ist spirituell. Daher hat der Spiritualismus seine Feinde im Jenseits genau so wie auf Erden. Es besteht immer ein gewisser Ärger. Es handelt sich aber nicht um einen Krieg zwischen gefallenen und guten Engeln. Das ist nur ein symbolisches Bild. Aber es gibt bei uns genügend Intelligenzen, die unseren Bemühungen, die Wahrheit zu verbreiten, nicht wohlgesonnen sind. Wo es ihnen gelingt, versuchen sie ihren Einfluß geltend zu machen. Sie halten sich bei fast allen Zusammenkünften ähnlich dieser auf. Dort, wo bei den Sitzungen Harmonie herrscht, wo ehrliche Zusammenarbeit zwischen den irdischen Gliedern und denen von unserer Welt besteht, haben sie keine Macht, sich einzumischen. Wenn aber die Verhältnisse chaotisch sind, wenn die Atmosphäre von Disakkorden erschüttert ist, haben diese Mächte die größten Erfolge zu verzeichnen. Dies erklärt zu einem großen Teil die vielen Lügenbotschaften, die in der Welt vorkommen. Es ist eine Art von Sabotage an der Wahrheit. Die geistige Welt ist angefüllt mit Wesen, die früher auf Erden lebten. Sie ist keinesfalls eine Welt, die nur aus Engeln besteht, sondern dort befindet sich eine Vielheit von Wesen, von den geistig Ärmsten bis hinauf zu den größten Heiligen. Solange die Menschen auf eurer Erde nicht rein, selbstlos, freundlich und hilfreich ihr Leben gestalten, solange bekommen in unserer Welt diese unerwünschten stets Zuwachs, und diese brauchen ständig Belehrung und Hilfe. Diese Unerwünschten haben die Möglichkeit, sich der Erde zuzuwenden, wo die Verhältnisse ihren eigenen sehr ähnlich sind. Das ist ein Gesetz der gleichen Schwingungen. In eurer Welt können die Menschen eng beieinander leben, auch wenn sie sehr unterschiedlich sind. In unserer Welt ist das nicht möglich. Hier können die Wesen nur in der Sphäre leben, die zu ihrer Entwicklung paßt.

Ist es richtig, daß der Spiritualismus zu etwa siebzig Prozent in der Dämonie steckt?
Das kommt ganz auf die Zirkel und Medien an. Der Spiritualismus beginnt immer in der Dämonie, auch wenn man glaubt, daß es Engel sind, die sich euch kundtun. Es liegt an der geschickten und logischen Führung der Zirkel und Medien, die Dämonie nach und nach zu verdrängen, bis es der positiven Geistwelt möglich ist, sich zu offenbaren.

An welche Bedingungen ist eine Verbindung mit hohen Geistwesen geknüpft?
Es kommt auf die Lauterkeit von euch an. Aber das allein genügt nicht. Die Teilnehmer müssen in jahrelanger Schulung geistig so vorbereitet und fortgeschritten sein, daß ihre Schwingungen den höheren Sphären näher kommen. Wenn auch nur ein ungeeigneter Teilnehmer dabei ist, so kann der ganze Kontakt mit hohen Geistern sofort gestört werden. Ein winziger Gedanke genügt. Es gibt Geistwesen, die sich ein Vergnügen machen, ihre Medien zu foppen. Selbst intellektuelle Seelen sind darunter, und diese verstehen es ganz besonders, ihre Fopperei möglichst glaubwürdig zu frisieren. Doch immer sind die Medien durch ihre eigene Haltung und Unwissenheit daran schuld. Dann gibt es noch viele Einzelmedien, die ganz ohne aufgebauten Schutz arbeiten. Ihnen kann ein Geist erzählen, daß er der 'Liebe Gott' sei. Das Einzelmedium gerät in Verzückung und glaubt dann den größten Unsinn, besonders wenn es schöne Prosaworte oder Versprechungen sind. Wissenschaftliche Logik ist keine Blasphemie, sie steht hoch über jeder theologischen Phrase.

Wie können wir Euch am besten entgegenkommen?
Durch logische und sachliche Fragestellung und nicht durch eine religiöse Verzückung oder Schwärmerei, die sofort von geltungsbedürftigen Schwärmern auf unserer Seite ausgenutzt werden.

Woran erkennt man solche Einmischungen?
Durch ständige, stereotype Phrasen, sie zum Beispiel: Heilig, heilig, heilig! Hosianna, Hosianna, Hosianna! Glaubt, glaubt, glaubt!...und so weiter. Die Lichtwelt Gottes braucht keine Phrasen, sondern sie bleibt sachlich, liebevoll und verstehend.

Können wir diese Verständigung noch verbessern?
Was die Tätigkeit des Mediums anbelangt, so gibt es keine Verbesserungsmöglichkeit. Aber der Zirkel kann durch Harmonie und Ruhe beziehungsweise durch gute Ausgeglichenheit des Geistes mithelfen.

Können positive Sitzungen auch in Wohnräumen abgehalten werden, die dem täglichen Leben zur Verfügung stehen?
Positive Sitzungen können nur in dazu geeigneten Räumen abgehalten werden. Küchen und Räucherkeller sind keine Sitzungs-Räume. Die Luft muß sauber sein. Blumenduft unterstützt den Kontakt. Auch dezenter Weihrauch ist positiv. Natürlich können schlechte Räume geräuchert werden. Mitunter wirkt auch ein Befreiungsgebet für böse Seelen. Aber es ist eine Blasphemie, wenn spiritistische Sitzungen in Räumen abgehalten werden, in denen gegessen, getrunken und geschlafen wird. Ganz besonders negativ sind die Hotelzimmer, ganz gleich in welcher Gegend.

In England machte der Geistführer 'Silberbirke' auf

einen Ausspruch Christi aufmerksam. Christus soll gesagt haben: 'Nach mir werden noch Größere kommen'. Demnach könnte man annehmen, daß der Nazarener nicht von seiner Vollkommenheit überzeugt war.
Christus war ein vollkommenes Medium. Es ist richtig, daß Christus diesen Hinweis gegeben hat. Aber man darf seine Worte nicht falsch deuten, sonst wird der ganze Sinn entstellt. Selbstverständlich war Christus ein Musterbeispiel für die ganze Welt. Aus reiner Demut hat er sich unter das Licht gestellt. Trotzdem kommt ihm der volle Glanz zu. Die große Liebe zum Mitmenschen, die Liebe zu Gott und die Demut sowie der Verzicht auf irdische Güter zeichnete Christus vor allen anderen Menschen aus. Leider fehlt es in der Politik, in der Theologie und vor allem in der Wissenschaft an einer echten Demut. Aus diesen Gründen befindet sich die Erdenmenschheit leider noch in einer geistigen Unterentwicklung. Ich sage euch daher: Nur die wahre Demut bringt euch vorwärts, denn diese klärt den Blick für alles Höhere.

Es könnte doch möglich sein, daß auch wir manchem Irrtum beziehungsweise Fopperei unterliegen. Welche Garantie haben wir dafür, daß alle Antworten, die wir aus dem Geistigen Reich erhalten, auch richtig sind?
Die Antworten, welche durch unsere Gruppe an euch weitergeleitet werden, sind niemals die Meinung eines Einzelnen, sondern das Ergebnis vieler Erfahrungen und Belehrungen aus höherer Ebene. Es kann allerdings

auch einmal ein Irrtum vorkommen. Aber das ist nur ganz selten der Fall. Wir sind immer bemüht, solche Irrtümer zu berichtigen, wenn nicht sehr starke Vorurteile eurerseits dagegen stehen. Sofern ihr jedoch aufgeschlossen bleibt wie bisher, wird auch jeder Irrtum entsprechend seine Berichtigung finden.

Gibt es Richtlinien für weniger fortgeschrittene Wahrheitssucher?
Ihr müßt euch folgendes gut merken: Die positive Geistige Welt kündigt niemals ein Unglück an. Angekündigtes Unglück ist immer eine Lüge. Das Göttliche Reich plant überhaupt kein Unglück für die Menschheit und kann deshalb auch keines ankündigen. Gott und sein Reich strafen niemals durch Katastrophen, bei denen Menschen zu Schaden kommen. Gottes Strafen sind ganz anders: Sie läutern den Menschen, auch wenn es seelisch weh tut. Wenn eine Kommunikation aus dem Geistigen Reich eine Drohung enthält, ist sie nicht wahr. Doch wenn eine Mahnung an die Menschen ergeht, da die Menschen durch ihr Verhalten ein selbstverschuldetes Unglück heraufbeschwören, so ist diese Mahnung, wenn sie in Liebe geschieht, wahr.

Gute und schlechte Medien und Kreise

Ist es richtig, daß sich Hellseher für die Aufklärung von Verbrechen hergeben?
Nein! Es ist nicht im Sinne Gottes, daß übernatürliche Gaben für diese Zwecke Verwendung finden! Die negativen Intelligenzen sind bei allen Verbrechen zu stark vertreten. Sie verhindern jeden positiven Kontakt. Außerdem ist die positive Seite der Geistigen Welt nicht befugt, sich in derartige Angelegenheiten einzumischen. Bedauerlicherweise ist das ein Grund, warum die Kriminalisten nicht an den Spiritualismus glauben.

Müssen Medien immer in einer Art von Trance-Zustand sein?
Wie ihr seht, befindet sich euer Medium niemals in einem Trance-Zustand, trotzdem sind unsere Mitteilungen ungetrübt und unverfälscht. Das ist eine Sache langjähriger Übung und Zusammenarbeit. Aber das Medium muß eure Welt abschalten können, auch wenn es nur für die Dauer einer einzigen Botschaft ist. Es ist für geistige Leiter und Kontrollen sehr gut möglich, durch Instrumente zu sprechen, ohne daß sich diese in tiefer Trance befinden müssen. Der große Vorteil des Trance-Zustandes liegt darin, daß der Leiter oder die Kontrolle in höherem Maße das Medium beherrschen kann. Je mehr es uns gelingt, das Bewußtsein des Mediums auszuschalten, um so leichter wird die Aufgabe.

Trotzdem ist es für den Leiter oder für die Kontrolle unwesentlich, ob das Medium in Trance ist.

Warum kann der Geist in solchen Fällen keinen richtigen Kontakt aufnehmen?
Er wird durch die negativen Einflüsse in den Hintergrund gedrückt. Außerdem ist der Wille des Mediums, sich geltend zu machen, sehr störend. Bei allen Trance-Medien handelt es sich meistens um einen Halbtrance-Zustand. Diese Medien wissen alles, was sie sprechen. Bei wirklichen Volltrance-Medien fehlt diese Erinnerung. Bei den Großveranstaltungen ist immer ein großes finanzielles Interesse vorherrschend, daher bestehen auch negative Störungen aller Art. Alle materiellen Interessen rücken euch vom Geistigen ab. Daher haben wir es auch so schwer, uns verständlich zu machen und uns euch gegenüber zu beweisen. Der Aberglaube hat es leichter. Er wird mehr geschätzt. Zum Beispiel soll es Unglück bedeuten, wenn eine schwarze Katze über den Weg rennt. Das alles ist Unsinn. Aber er wird geglaubt.

Es gibt Volltrance-Medien, die von Stadt zu Stadt reisen, um an diesen Orten ihr Können zu zeigen. Ist es überhaupt möglich, jedesmal einen Schutz zu organisieren, damit die Wahrheit gewährleistet bleibt?
Das ist nicht immer möglich, besonders nicht, wenn der Ort schnell gewechselt wird. Diese Medien bringen daher viel aus ihrem Unterbewußtsein, und da sie große Erfahrung besitzen, können sie leicht täuschen.

Wie beurteilt das Geistige Reich jene Adepten, die früher an verschiedenen Fürstenhöfen tätig waren?
Wenn man die Bezeichnung ‘Adept’ hört, so glauben die meisten Menschen, daß es sich um einen Erleuchteten handelt. Die meisten dieser Adepten sind ganz gewöhnliche Menschen, die nur superanormale Fähigkeiten besitzen. Sie nehmen die Geistige Welt wahr und haben spirituelle Kenntnisse. Das ist alles. Was ihnen an wirklichen Erkenntnissen fehlt, ersetzen sie aus ihrem Denken. Es gibt sogar große Künstler, die man als Adepten bezeichnen könnte, obgleich es niemandem einfällt, sie als übersinnlich anzusehen. Aus diesem Grunde sind die meisten Adepten nach ‘oben’ und nach ‘unten’ offen, so daß man keine Sicherheit hat, was eigentlich wirklich vor sich geht. Wenn solche Adepten ihre Lehren verbreiten, so ist jedenfalls größte Vorsicht am Platze, weil sie selbst nicht unterscheiden können, was positiv und was negativ ist.

Gibt es demnach wirklich Erleuchtete, denen man Glauben schenken kann?
Es gibt einige, das heißt sehr wenige solcher Menschen, die nicht nur gerufen, sondern auch berufen sind. Diese Menschen sind keine Adepten, sondern ganz einfach Auserwählte. Man erkennt sie an ihrer Prüfung. Gewöhnlich haben sie ein sehr schmerzhaftes und unheilbares Leiden. Aber es kommt darauf an, wie sie damit fertig werden, wie sie es ertragen. Sie sind gottnahe und bereit, sich selbstlos in den Dienst der Menschheit und

in den Dienst Gottes zu stellen. So werden sie berufen, das heißt durch das Geistige Reich in ihr Amt gesetzt. Diese wenigen Auserwählten sind sich ihrer Berufung voll bewußt, weil sie vor Gott ein Gelübde abgelegt haben. Sie werden in ihrem Astralerlebnis einer großen Prüfung unterzogen, einer Einweihung, die meistens in den Ostertagen erfolgt. Auf diese Menschen kann man sich verlassen, denn sie werden gut geführt.

Viele Leute glauben, daß ein gutes Medium unbedingt sehr fromm sein muß, um Erfolg zu haben. Ist das so?
Absolut nicht! Ein Medium, das so ist, wird von den niederen Geistwesen derart angegriffen, daß es keine echten Botschaften übermitteln kann.

Wir möchten andere Kreise nicht angreifen, denn das paßt nicht zu unserer Mission. Was sagst Du dazu?
Angreifen sollt ihr sie nicht. Aber die Leser solcher Botschaften sollen erfahren, was an den Botschaften niemals stimmen kann. Vor allem müssen sie wissen, daß Gott niemals droht. Auch seine Helfer drohen nicht. Außerdem schwafelt Gott nicht in irdischen Redensarten. Jede überbetonte Frömmigkeit ist Unsinn. Die Frömmigkeit sollte lieber in Achtung übergehen. Mehr wird von uns nicht verlangt.

Die Frömmigkeit wird uns doch von den Kirchen vorgemacht?
Das ist albernes Getue ohne jeden Wert.

Auf dem Gebiet der Geisteswissenschaft gibt es sehr viele unglaubwürdige Berichte. Wie erkennt man nun, welcher Zirkel autorisiert ist beziehungsweise echte Botschaften empfängt?

Ihr erkennt doch auch, ob ich einmal Spaß mache, oder ob ich es ernst meine. Es liegt immer an der Zirkelführung und am Medium, denn Schulung ist die Grundbedingung. Durch Geltungssucht und Anmaßung geht jeder Zirkel ins Garn - und jedes Medium wird somit ein Opfer niedriger, unsauberer Geister. Ein autorisiertes Medium muß vor allem gehorchen lernen, denn es darf niemals eine eigene Meinung haben, was die medialen Kontakte anbelangt. Ein solches Medium darf unter keinen Umständen allein arbeiten. Eine gute Zirkelleitung muß das Medium leiten und die Arbeit ständig kontrollieren.

Wie muß ein gutes Medium sein, um auch gute Botschaften zu vermitteln?

Die besten Medien in der ganzen Welt sind absolut normal. Sie sind korrekt und arbeitswillig. Diese Menschen stehen bewußt in einem verantwortungsvollen Leben, verdienen sich selbst ihr Geld und trotzen allen Verleumdungen und jedem Spott. Diese Medien sind sich ihrer heiligen Aufgabe voll bewußt, daß sie nicht nur Gott sondern der ganzen Menschheit einen wertvollen Dienst zu erweisen haben. Diese Eigenschaften sind uns lieb und teuer. Darum sind es die besten Medien, denn kranke oder psychopathische Medien lehnen wir ab.

Was versteht Ihr unter einem schlechten Medium?
Das muß ich näher erläutern. Grundsätzlich ist jeder Mensch mehr oder minder medial. Demnach könnte jeder Mensch als ein Werkzeug jenseitiger Intelligenzen fungieren. Wenn das nicht der Fall ist, so handelt es sich um eine Ungeschicktheit in diesen Belangen. Viele Menschen geben ihre Versuche meistens auf, weil sich nicht gleich ein erwarteter Erfolg einstellt. Sie sind zu ungeduldig und schieben diese Ungeduld auf die Nervosität. Hinzu kommt ihre geistige Einstellung, die meistens nicht positiv ist. Negativ eingestellte Menschen geben im besten Falle ein negatives Medium ab.

Welche Eigenschaften sind bei einem solchen Menschen *negativ?*
In erster Linie ihr zu stark betontes 'Ego'. Sie wollen sofort als besondere Menschen angesehen werden. Die Jenseitigen, die sich heranmachen, sind von der selben Art, denn Gleiches zieht das Gleiche an. Nun erfährt das Medium, daß es für eine göttliche Mission ausersehen ist und die empfangenen Botschaften zu verbreiten habe. Das alles ist aber nur ein geltungswahnsinniges Geschwätz. Aber das Medium fällt darauf herein. Das Medium fühlt sich als ein von Gott auserwähltes Instrument und schnappt bei diesem Gedanken über. Nun ist es den niederen Geistern ausgeliefert, die im Namen aller Erzengel und im Namen Gottes oder Christi den größten Unsinn loslassen. Der religiöse Fanatismus der Anhänger sorgt für das Übrige. Das Ganze endet

schließlich in einer völligen Besessenheit, welche das Medium nicht erkennt, sondern alle Menschen, welche diesen jenseitigen Unsinn nicht akzeptieren, leidenschaftlich haßt.

Welche Eigenschaften hat ein positives Medium?
Ein positives Medium besitzt absolut kein Geltungsbedürfnis. Es würde sich sofort gekränkt fühlen, wenn ein Jenseitiger zum Medium sagen würde, daß es ein auserwähltes Werkzeug Gottes sei. Ein positives Medium weiß, daß es mit Engeln oder mit Gott oder mit Christus überhaupt keinen Kontakt haben kann. Sobald ein solcher Name auftaucht, lehnt das Medium die Verbindung entschieden ab. Ein positives Medium ist nur für die Belehrung der Mitmenschen da. Das geschieht aus Liebe zum Mitmenschen und aus Liebe zur Harmonie und zum Frieden. Ein gutes Medium ist vor allem zufrieden, wenn es einen guten Führer hat, ganz gleich, ob dieser Führer Schulze oder Benjamin heißt. Der Name spielt absolut keine Rolle. Es ist auch nicht wichtig, ob dieser Führer einmal im Leben Schuster oder Schauspieler war. Entscheidend ist nur, daß dieser Führer durch seine Botschaften, durch seine Logik, seinen guten Willen, seine Intelligenz beweist. Hierzu muß der jenseitige Führer beweisen, daß er den Erdenmenschen durch seine Erfahrung in jeder Hinsicht überlegen ist. Es zählt nicht das religiöse Geschwafel sondern die geistige Hilfe!

Wenn ein Medium raucht, Alkohol zu sich nimmt oder nicht vollkommen wahr und aufrecht ist, hat das auf die medialen Fähigkeiten einen Einfluß?
Selbstverständlich. Das Medium hat in jeder Beziehung wahr zu sein, besonders mental. Je besser die Qualität des Mediums, je besser die Botschaften, die durch das lebende Instrument gegeben werden. Alles, was den Körper und den Geist verroht, hat eine Reaktion zur Folge, und zwar eine niedrige Wirkung auf den Geist. Bedenkt immer, daß Geist, Körper und Seele miteinander in Verbindung stehen und ein ständiges Wechselspiel der Kräfte und Gefühle stattfindet. Die Welt des Geistes und die Welt des Stoffes sind in Wirklichkeit nur zwei Aspekte eines Lebens! Sie gehören eng zusammen. Eines greift in das andere über, sie vermischen sich gegenseitig. Keine strenge Grenze ist zwischen beiden errichtet. Wenn euch das klar ist, werdet ihr verstehen, daß alles, was den physikalischen Körper berührt, auch Einfluß auf den geistigen Körper hat. Dasselbe gilt auch zwischen Geist und Gemüt. Alles, was den Tempel des Geistes angreift, muß eine nachteilige Wirkung auf die Verbindung ausüben, die durch das Instrument zu wirken versucht. Das Ideal wäre ein vollkommenes Instrument, und dann hättet ihr die vollkommene Verbindung. Um eine gute Verbindung mit uns zu gewährleisten, muß das Medium eine möglichst objektive Einstellung zur Geistigen Welt haben. Dogmatische und fromme Medien machen der Geisterwelt große Schwierigkeiten, die schwer zu beheben sind.

Es ist bedauerlich, daß von gewissen Medien Lügen verbreitet werden, statt dem Spiritualismus zu helfen. Diese Menschen schaden der Sache in unvorstellbarer Weise, ja, sie schaden Gott und seinen Plänen. Wie kann man diesem Übel am besten begegnen?
Nur durch ein besseres Überlegen. Schuld an diesen Gerüchten ist das Geltungsbedürfnis. Ein medialer Mensch ist noch längst kein Medium, denn dazu gehören enorme Qualitäten: Bescheidenheit, Demut, Nächstenliebe, Verstand, Logik und vieles mehr. - Medien sollten nicht im Alleingang arbeiten, sondern nur in einem guten Arbeitskreis unter einer verständigen, erfahrenen Leitung ihr Können beweisen. Jeder Alleingang aus Geltungssucht führt zur Lüge. Die Foppgeister lauern auf solche Medien. Sie sind so raffiniert, sich auf ihre Interessen einzustellen. Dazu kommt, daß die meisten dieser 'Auchmedien' sehr rechthaberisch und fanatisch sind. Alles Gute will erarbeitet sein. Das kostet unendliche Geduld und Mühe.

Soll man schlechte Medien anprangern?
Nein, das wäre grundverkehrt, denn das würde bei der Mentalität dieser Menschen zu einem Bumerang werden. Aber es ist wichtig, die Menschheit darüber aufzuklären, was ein brauchbares und was ein unbrauchbares Medium ist, damit die Menschen darüber selbst entscheiden können. In dieser Hinsicht ist überhaupt noch nicht das Nötige getan worden.

Wie ist es möglich, daß es Menschen gibt, die sich als großartige Medien ausgeben, aber dann einen unglaublichen Betrug an der Menschheit vollziehen? Wie sieht so ein Mensch innerlich aus?
Sie wollen sich mit allen Mitteln interessant machen. Sie selbst glauben nicht daran. Aber sie sind der Ansicht, daß im Falle, daß es wirklich so etwas gibt, sie eine Art von 'Rückversicherung' haben. Daran, daß sie einen ungeheuren Schaden anrichten könnten, denken sie erst gar nicht. Sie sind der Ansicht, daß sie Gutes tun, da sie andere in ihrem Glauben stärken.

Manche Medien, zum Beispiel ein Medium in England, behauptet, mit Jesus Christus und Erzengeln ständig in Verbindung zu sein. Überhaupt sollen sich dort verstorbene Größen der Gelehrtenwelt treffen.
Stimmt das?
Nein. Diese Frau glaubt, tatsächlich mit der 'Hohen Intelligenz' in Verbindung zu sein. Durch ihr bis an den Wahnsinn grenzendes Geltungsbedürfnis auf dem spiritualistischen Gebiet ist sie jedoch nur ein Spielzeug niedrigster Intelligenzen des Geistigen Reiches.

Die Jenseitigen sollen sie auf Schätze unter Wasser aufmerksam gemacht haben. Angeblich soll die Regierung diese Schätze auf ihre Angaben hin gehoben haben, allerdings heimlich, hinter dem Rücken des Mediums.
Stimmt das?
Das ist der größte Unsinn, der mir je zu Ohren gekom-

men ist. Jenseitige, die auf Schätze hinweisen, haben sich damit hinreichend legitimiert. Das sollte jeder Spiritualist wissen. Dieses Medium ist unbewußt ein Krebsschaden an der erhabenen Geisteswissenschaft. Man wird es bald einsperren zum Schaden aller Spiritualisten. Das Medium mißbraucht die dortige Demokratie, indem es viele Regierungsangehörige in der ganzen Welt mit diesem Unsinn belästigt. Ein krasser Beweis, wohin der Fanatismus führt.

Kann ein gutes Medium durch unvollkommene Geister benutzt werden, so daß größere Falsch-Botschaften durchgegeben werden können?
Es ist durchaus möglich, über Medien falsche Durchgaben zu bringen. Negative Geister könnten zum Beispiel Wissenschaftler an der Nase herumführen, da die Wissenschaftler ja immer Beweise brauchen. Sie könnten ihnen sagen, wieviel Geld sie bei sich haben oder mit wem sie sich treffen wollen. Dann würde man ihnen Glauben schenken. Aber das ist der Punkt, den das Negative bezweckt. Erst den Glauben und das Vertrauen stärken, dann die falschen Botschaften durchbringen. Auf diese Weise können negativ eingestellte Wissenschaftler mißbraucht werden. Es gibt auch viele, viele Medien, die sich ihrer Medialität nicht bewußt sind. Bei den Zirkeln ist das etwas anderes. Da spielt der aufgebaute Schutz und vor allem die langjährige Erfahrung eine große Rolle. Das Ethische muß immer im Vordergrund bleiben. Es wird euch schon so ergangen sein,

daß ihr etwas ganz bestimmtes sagen wolltet, aber dann plötzlich ganz etwas anderes aussprecht. Dann kann es sich schon um einen spirituellen Kontakt handeln. Wenn sich die Frequenzeinstellung im Gehirn ändert, so kann es sofort zu einem spirituellen Kontakt kommen. Auf diese Weise gibt es nämlich viele Kranke, die in der Psychiatrie festgehalten werden, weil sie Frequenz-Störungen haben. Ein Gast in einem Zirkel ist zunächst natürlich ein 'Fremdkörper', ganz gleich, ob er nun positiv oder negativ eingestellt ist. Das kommt daher, weil jeder von euch unbewußt ein Mißtrauen hegt und 'Abwehr-Schwingungen' aussendet. Erst wenn sich herausgestellt hat, daß der Gast wirklich positiv ist, ist eine Harmonie gewährleistet. Ein Mißtrauen ist natürlich durch schlechte Erfahrungen gestärkt.

Spiritualisten haben sich darüber beklagt, daß es vorkommt, daß mitunter die Botschaften nicht stimmen. Es wurde ein Geistlehrer darüber befragt, der zu verstehen gab, daß sich sogenannte 'graue Wolken' dazwischen schieben, die den Kontakt verschlechtern. Was kannst Du uns darüber sagen?

Die Bezeichnung 'graue Wolken' ist symbolisch zu verstehen. Ein Zirkel muß einen sehr zuverlässigen Schutz haben, der oft jahrelang aufgebaut werden muß, um diese Störungen fernzuhalten. In den meisten Fällen spielt das Geltungsbedürfnis eine große Rolle und stört die ganze Zusammenarbeit. Viele Medien haben oft ein starkes Geltungsbedürfnis, mehr als man annimmt, obgleich sie es zu verbergen suchen. Es handelt sich um negative Schwingungen. Auf diese Weise können niedere Seelen zu Wort kommen.

Warum gibt es so wenig brauchbare Medien, wenn die meisten Menschen dazu geeignet sind?
Die meisten Medien werden hochmütig und möchten mit ihrem Kopf durch die Wand gehen. Es dauert sehr lange, bis ein Medium die Reife erlangt. Ein guter Zirkel braucht mindestens fünf Jahre, bis er so gesichert ist, daß er positiv arbeiten kann. Ein Teilnehmer ist imstande, einen Kontakt mit uns unmöglich zu machen. Seine Gedanken können wie ein Störsender wirken.

Es gibt doch außer uns noch andere Zirkel mit guten Medien. Dort müssen doch ebenfalls gute Botschaften und Belehrungen durchkommen?
Es gibt viele Zirkel und Medien, aber leider arbeiten fast alle nicht zur Zufriedenheit. Entweder fehlt es an der Erfahrung, mit dem Jenseits zu korrespondieren, oder es fehlt der Intellekt, Gutes vom Bösen zu unterscheiden oder die Wahrheit vom Irrtum. Den meisten Zirkelteilnehmern fehlt es an der Ausdauer oder sie sind sehr dogmatisch eingestellt, womit sie alle blockieren. Nur wer wirklich ehrlich bemüht ist, um der Menschen Willen der Welt Gutes zu erweisen, wird die nötige Ausdauer dazu aufbringen und auch viele Mißerfolge in Kauf nehmen. Nur diese Sucher werden Früchte ernten. Sie werden durch eine unzerstörbare Freundschaft be-

lohnt werden und die jenseitigen Freunde werden zu jeder Zeit und Stunde für sie da sein.

Woher kommt es, daß der Führer einer Person von verschiedenen Medien anders beschrieben wird?
Dafür gibt es zwei Erklärungen. Entweder ist das Medium mangelhaft, oder der Führer zeigt verschiedene Aspekte seiner Individualität. Bedenkt, daß wir nicht an eine Manifestation gebunden sind, wenn wir uns eurer Welt zeigen. Die Vision, die durch das Medium erschaut wird, entspricht nicht der vollen Wirklichkeit. Sie ist nur ein Abbild. Aus verschiedenen Gründen ist es wünschenswert, verschiedene Aspekte des Individuums zu zeigen. Was das Medium erschaut, ist nicht mit einer Fotografie oder einem Grammophon zu vergleichen.

Bei den Durchgaben aus dem Jenseits treten oft genug Widersprüche auf. Wie ist das möglich?
In solchen Fällen kommt unbewußt das Unterbewußtsein des Mediums durch. Das rührt daher, wenn das Medium eine Überzeugung auf Grund eigener Gedanken hat, was wiederum auf das Studium gewisser Literatur zurückzuführen ist. Wenn ein Medium nicht an die durchgegebene Wahrheit glaubt, so steht es darin wie vor einer festen Wand. Es entsteht in ihm eine Überzeugung, trotz vieler wahrheitsentsprechender echter Kommunikation.

In einem angesehenen Kreis soll der Geistlehrer gesagt haben: 'Die anderen Planeten sind von Geistwesen bewohnt. Diese Erde ist der einzige Ort, wo Menschen in dieser materiellen Gestalt leben'. Wie ist so eine Durchgabe von einem so hohen Geistwesen möglich?
Indiskutabel, ein Nonsens, falsche Durchsage. In diesem Falle kam unbewußt das Unterbewußtsein des Mediums durch. Ich sage dies, weil ich genau weiß, daß dieses Medium diese Überzeugung aufgrund eigener Gedanken hat, die es sich gemacht hat, was wiederum auf das Studium gewisser Literatur zurückzuführen ist. Dieses Medium glaubt nicht an ein menschliches Leben in Fleisch und Blut auf anderen Planeten. Somit kommt die Meinung des guten Geistes nicht durch. Er steht wie vor einer festen Wand. Hieraus erklären sich alle Widersprüche auf diesem Gebiete. Sie entstehen aus der festen Überzeugung der Medien, trotz vieler wahrheitsentsprechenden echten Kommunikationen.

Wie kommt es, daß bei medialen Durchgaben oft große Unterschiede auftreten, die dann von Zweiflern aufgegriffen werden, um die Jenseitswelt in Frage zu stellen?
Nun, es tut mir leid, das sagen zu müssen, aber es liegt hauptsächlich an einer inneren, beinahe unbewußten Voreingenommenheit der Medien. In solchen Fällen kann weder der Geist noch das Medium direkt etwas dafür, daß eine solche Antwort zustande kommt, die dann mit der Wahrheit nicht ganz übereinstimmt.
Nehmen wir zum Beispiel die Durchgabe eines Licht-

boten, der in der Schweiz tätig ist. Dieser Lichtbote und Lehrer gehört mit in unsere Sphäre. Das sonst ganz ausgezeichnete Medium, das in der Geistigen Welt höchste Achtung genießt, hält es leider nicht für möglich, daß es fleischliches Leben auch auf anderen Planeten gibt. Dieses Medium ist auch durch das Lesen gewisser Botschaften, die ebenfalls von den Erdenbürgern an ganz bedeutenden Stellen falsch gedeutet worden sind, so beeinflußt, daß es sich gegen jede anders lautende Botschaft mit dem eigenen Intellekt völlig sperrt. Darum betone ich mit allem Ernst: Hütet euch, die ihr auf diesem Gebiet forscht und arbeitet, vor einer Voreingenommenheit, denn ihr habt wieder einmal den Beweis dafür, wie sehr es schadet, wenn man sich nicht hundertprozentig neutral verhält während einer Sitzung. Wir sind machtlos, wenn das Medium nicht völlig aufgeschlossen ist, denn in dem Augenblick, wo wir auf eine geistige Sperre einer Voreingenommenheit stoßen, wird unser Kontakt zum Hirn des Menschen unterbrochen, so daß es selbst in Tätigkeit tritt und diese Pause über das Unterbewußtsein ausfüllt.

Die geistige Sperre tritt hauptsächlich bei einem Trance-Medium auf, kann aber auch bei einem Schreibmedium in Erscheinung treten, wenn dasselbe zugleich intuitiv ist. Die beste Sicherheit bietet ein vollautomatisches Schreibmedium, das keine Ahnung vom Inhalt der Durchgabe hat. Aus diesem Grunde benutzen wir die Hand des Mediums so schnell wie wir können, auch auf die Gefahr hin, daß die Schrift kaum zu entziffern ist. Eine Voreingenommenheit oder eine dogmatische Festlegung des Mediums ist ein Nachteil, der uns sehr zu schaffen macht. Hier liegt ein Versagen, das von negativen Theologen und Wissenschaftlern aller Art bis zur völligen Ablehnung der Geistigen Welt ins Feld geführt wird. Darum haben wir an die Zirkelteilnehmer und Medien die dringende Bitte, völlige Aufgeschlossenheit zu beachten und zu schulen, denn sobald wir die Zirkelteilnehmer loben, ist alles in Ordnung. Doch wehe, wenn wir einen Tadel anbringen oder die Durchgabe über einen anderen Zirkel oder Kreis korrigieren, dann zieht man auch über uns Lehrer her!

Warum berichtigt die Geistige Welt nicht derartige Fehler, wenn sie aufgetreten sind?
Wir versuchen solche Korrekturen, aber wir können eine solche Korrektur nur über ein anderes Medium vornehmen, das eine solche Sperre nicht besitzt. Daher kommen dann die Unterschiede zustande. Nur in ganz besonders dringenden Fällen können wir uns zu einer solchen Korrektur entschließen, denn wir wollen jeden Unterschied in den Durchgaben möglichst vermeiden, da sonst der Schaden noch größer wird. Widersprüche sind der größte Feind der Geisteswissenschaft. Ganz besonders machen uns daher die Kirchen-Dogmen zu schaffen. Sie sind die größten geistigen Sperren. Es gibt aber auch Medien, die ein großes Geltungsbedürfnis besitzen und keine Kritik vertragen können. Diese verlieren ihre Selbstbeherrschung, wenn man ihnen einen

Vorwurf macht oder ihre Durchgaben kritisiert. Dann fallen sie augenblicklich in tiefere Sphären und werden von dort aus mißbraucht. Auch manche Zirkelteilnehmer benehmen sich mit zunehmender geistiger Belehrung einfach unmöglich, bis sie intolerant gegen jeden anderen Zirkel werden und glauben, die Wahrheit für sich allein gepachtet zu haben.
Am Schluß einer Sitzung geben wir alle noch im Raum vorhandene Od-Energie an das Medium zurück. Darum ist es nötig, daß die Zirkelteilnehmer nach der Sitzung mindestens noch zehn Minuten in völliger Ruhe verbleiben, damit das entodete Medium genügend aufgeladen werden kann. Solche Maßnahmen sind für die Gesundheit unerläßlich.

Können in einem spritualistischen Zirkel auch materielle Fragen gestellt werden?
Das kommt ganz auf die Entwicklung des Zirkels an. Ist die Einstellung aller Teilnehmer positiv, dann sind auch solche Fragen möglich, weil ein Mißbrauch dabei ausgeschlossen wird.

Es gibt Spiritualisten, welche glauben, daß man sofort die Wahrheit erfahren kann, wenn ein jenseitiger Kontakt hergestellt ist. Stimmt das?
Jede Sphäre hat geistige Türen, die sehr schwer zu öffnen sind. Es kommt ganz darauf an, vor welcher Tür man steht und anklopft. Ob diese Türen geöffnet werden, hängt vom Entwicklungsgrad der Zirkelteilnehmer

ab. Ein noch so guter Zirkelleiter ist nicht imstande, eine bestimmte Tür zu öffnen, wenn die anderen Zirkelteilnehmer nicht in Ordnung sind.

Aus aller Welt bekommen wir Botschaften zugeschickt, die sehr viel Unsinn enthalten. Sind diese Botschaften tatsächlich medial?
Einige dieser 'Botschaften' sind Ausgeburten eigener Phantasie, die ihren Ursprung im Geltungsbedürfnis haben. Aber es gibt auch mediale Botschaften, die echt sind. Diese Botschaften stammen von jenseitigen Wesen, die sich aus reiner Langeweile wichtig tun wollen. Sie befinden sich in Sphären, die ihnen keine Erleuchtung geben können. Wenn es ihnen gelingt, sich beim Medium durchzusetzen, so lassen sie ihre Drohungen los und haben ihren Spaß daran, wie weit man ihnen Glauben schenkt. Es ist eine sehr üble Sache, denn diese Medien haben Leute an der Hand, die ihren Unsinn ernst nehmen und weit verbreiten. Auf diese Weise wird der Spiritualismus unterminiert. Kein Wunder, daß man mißtrauisch wird und dann auch die echten Botschaften aus den höheren Sphären verdächtigt.

Was kann man gegen diesen Unfug unternehmen?
Man kann nur auf die Fehler hinweisen, denn jeder erfahrene Spiritualist wird diese Fehler finden. Das Übel muß aufgezeigt werden.

Welcher Schutz ist notwendig?

Jeder Zirkel hat eine Tür, das heißt einen geistigen Eingang, der durch einen Türhüter bewacht wird.

Ist dieser 'Türhüter-Geist' in irgendeiner Weise verantwortlich?
Der Türhüter soll die Tür bewachen, damit unsaubere, unerwünschte Geistwesen nicht in den Zirkel eindringen. Aber die Frage ist, ob er dazu imstande ist. Die Funktion eines Türhüters ist, den Eingang zu bewachen. Er kann diese Tätigkeit nicht ausfüllen, wenn er durch euch nicht die Kraft erhält, die nötigen Hindernisse zu errichten, damit er die nicht einzulassen braucht, die er draußen haben will. Verstehst du nicht, daß die Kraft von euch kommen muß und daß diese Kraft eine gemeinsame ist? Es ist die Kraft, die aus jedem der Anwesenden entnommen und durch den Führer verarbeitet wird. Der Führer verbindet eure Kraft mit der seinen, damit sie für den Zweck der Versammlung benutzt werden kann. Wenn du eine Tür öffnest und sagst, daß jeder, der vorbei geht, eintreten kann, dann kommen alle. Durch die offene Tür strömt dein Licht nach außen, und dieses zieht viele aus unserer Welt an. Die Folge ist, daß sie in so großer Zahl erscheinen, daß der Türhüter beiseite gedrängt wird, weil er nicht die Kraft dazu besitzt, um die Unerwünschten fernzuhalten. Hier in unserem Zirkel ereignen sich diese Dinge nicht, nachdem er doch schon so viele Jahre arbeitet. Nur in ganz seltenen Fällen hatte ich früher für Augenblicke zu unterbrechen, weil einige Eindringlinge sich bemerkbar mach-

ten. Dies mußte aber keinesfalls immer ein schlechtgesinntes Wesen sein. Sie sind ganz verschieden. Die einen hoffen, eure Welt zu erreichen, die anderen kommen aus Neugierde, wieder andere sind frivol. Ihr habt so vieles, worüber ihr euch freuen könnt, denn ihr seid durch die Liebe vom Wege der Qual auf die Straße des Wissens und Verstehens geführt worden. Die Liebe hat eure Schritte geleitet, hat euch geführt. Die Liebe wird euch nicht verlassen. Den unschätzbaren Edelstein des Wissens, der nun euer ist, ist ein Ewiger Besitz, unvermindert, unbefleckt, unberührt, er gehört euch für alle Zeiten und nichts kann ihn euch wegnehmen. Euch ist bis jetzt schon mehr geholfen, als ihr begreifen könnt. Mit Phrasen und Parolen kann die Welt nicht verbessert werden. Die einzige Verbesserung ist nur möglich, wenn die Mehrheit der Menschen dazu gebracht wird, sich bewußt zu werden, daß sie Mitarbeiter im Schöpfungsplan und Entwicklungsplan Gottes sind!

Es gibt mediale Offenbarungen, die von vielen bedingungslos geglaubt werden. Ist so ein Verhalten richtig?
Manchen Auserwählten wird die Wahrheit gegeben. Doch das allein genügt nicht, denn es ist viel schwerer, die Wahrheit zu verbreiten, als sie zu erhalten. Durch die Schwierigkeit der Verbreitung entsteht sehr oft der Irrtum. So ist es nicht verwunderlich, daß sich im Laufe längerer Zeit aus der Wahrheit ein Irrtum nach dem anderen entwickelt. Somit dürft ihr nicht mehr alles glauben, was in der Bibel steht und bei allen anderen Me-

dien ist es im Laufe der Zeit dasselbe. Außerdem gibt ein Medium immer das wieder, was es selbst begreift. Beim Trance oder Hellhören korrigiert das Unterbewußtsein so manche echte Durchgabe aus höheren Sphären, weil die Durchgabe dem Medium unglaubwürdig erscheint. Daher sind die Schreibkontakte zuverlässiger, wenn sie unbewußt bleiben.

Verschiedene Zirkel verbreiten Gerüchte von einem Strafgericht Gottes. Man weist auf die biblisch angekündigte Endzeit hin. Was sagt Ihr dazu?
Selbst wenn diese Botschaften echt sind, so stammen sie doch aus den niederen Sphären. Wer daran glaubt, der zweifelt an der Liebe Gottes und hat nicht viel gelernt.

Viele panikmachende Gerüchte sollen angeblich medial sein. Stimmt das?
Diese Medien pendeln, schreiben mit dem Glas oder benutzen eine Planchette; sie sind daher ungeschützt. Solange sie rechthaberisch sind und fanatisch, fast religiös wahnsinnig, anderen Menschen ihre Meinung aufzwingen wollen, werden sie gefoppt werden.

Wohin führt es schließlich, wenn ein Medium in dieser Weise nicht in Ordnung ist?
Rein physikalische Leistungen sind auch dann noch gut. Doch wenn das Medium in irgend einer Form süchtig ist, wird es vom Jenseits aus belogen und mißbraucht.

Viel wichtiger ist jedoch die Frage, was ein Zirkel beabsichtigt. Wollen die Teilnehmer nur Unterhaltung, Sensationen oder Belehrung, wollen sie sich rechtfertigen oder Erkenntnisse gewinnen? Manchmal wollen sie auch durch angebliche Erzengel belogen werden, weil sie sich so gut vorkommen.

Es gibt spiritualistische Kreise, die da glauben, daß nur ihre Botschaften die Wahrheit darstellen. Sie kritisieren an allen anderen Durchgaben herum.
Ich verlange von keiner Seele, das anzunehmen, was ich sage, falls es ihr unvernünftig erscheint. Ich lege alles, was ich weiß, so demütig, aufrichtig und ehrfurchtsvoll dar, wie es mir nur möglich ist. Ich lege all mein Wissen, alle Weisheit, die ich erworben habe, denen zu Füßen, die sie wollen. Wenn sie sich entschließen, diese zurückzuweisen, haben sie es zu verantworten, nicht ich.

Viele spirituelle Irrtümer werden jahrelang verteidigt. Warum werden diese Irrtümer vom Geistigen Reich aus nicht beseitigt?
Auch die spiritualistischen Zirkel und Gemeinschaften haben ihre Traditionen, sie lehnen daher jede Berichtigung glatt ab, weil sie glauben, daß sie die Wahrheit seit vielen Jahren gepachtet haben. Aus diesem Grunde legen wir größeren Wert auf eine psychische Forschung als auf eine religiöse Gemeinschaft mit dem üblichen Kult. Auf diese Weise ist die Wahrheit besser garantiert.

Kann die Seele eines Kindes auch schon den Körper verlassen? Ist sie dann auch vollbewußt? In einem Zirkel meldete sich eine solche Seele und soll gesagt haben: 'Ich muß jetzt zurück, damit ich meine Flasche bekomme'.

Das besagt sehr gut, was für ein Zirkel das ist. Zu keiner Zeit seines Lebens ist der Astralkörper fester mit dem Fleischkörper verbunden als zur Zeit des Kleinkindes. Das macht einen Austritt so gut wie unmöglich. Dieser Zustand ist lebensnotwendig. Aber Kleinkinder erinnern sich zuweilen teilweise an ihr früheres Dasein, besonders in Träumen. Aber dieser Fall ist eine alberne Fopperei, die keinen guten Anschluß verrät. Der Zirkel versagt.

Es gibt Medien und Zirkel, die ernstlich um die Wahrheit bemüht sind und einen gerechten Gottglauben haben und ihren Mitmenschen auch helfen wollen. Trotzdem kommt es vor, daß sie in unglaublicher Weise gefoppt und belogen werden. Wie ist das möglich?

Nun, das liegt an einer ungünstigen Abschirmung, an einer schlechten Einteilung der Zirkelteilnehmer und es liegt an der schlechten objektiven Beurteilung des Zirkelleiters. Auch wir waren nicht immer in der Lage, genügend abzuschirmen. Du hattest es stets bemerkt, wenn etwas nicht stimmen konnte, und wir haben oft selbst gesagt, daß dann und wann etwas nicht seine Richtigkeit hatte, und wir haben dann stets die Fehler korrigiert.

Warum halten sich so wenig spiritualistische Zirkel, die anfangs viel versprechen?
Das liegt hauptsächlich an den Teilnehmern dieser Zirkel. Sie passen sich nicht an und arbeiten geistig, beziehungsweise mit ihren Gedanken dagegen. Dadurch zerfällt der geistige Schutz. Sie wollen außerdem sofort das Höchste erreichen, ohne durch die harte Schule zu gehen. Ein Zirkel braucht mindestens fünf Jahre, um zu einer Entwicklung zu kommen. Vor allem darf ein spiritualistischer Zirkel nicht dauernd neu gebildet oder verändert werden. Das Ziel darf nicht das 'Ich', sondern muß die Allgemeinheit sein. Der menschliche Gedanke hat die größte Kraft auf dieser Erde. Er ist ausschlaggebend für den Erfolg.

Auf welche Weise wurde der Schutz durchbrochen?
Negative Geister bevorzugen besonders Wissenschaftler, um sie an der Nase herumzuführen. Da diese Wissenschaftler immer drastische Beweise haben wollen, stellen sie Fragen, die derartig naiv sind und nichts mit einer echten Erkenntnis zu tun haben. Aber auch die Einstellung der Sitzungs-Teilnehmer spielt eine bedeutende Rolle. Wer in Gedanken zweifelt und dauernd nach negativen Beweisen sucht, der zerstört den Schutz und macht einen Einbruch möglich. Es gehört eine große Erfahrung dazu, um den Schutz sicherzustellen. Ich kann euch einen Fall als Beispiel anführen: Im Krieg haben viele Regierungen und Militärs versucht, über den Geisterkontakt Auskünfte über Kriegserfolge

und Möglichkeiten zu erlangen. Fast alle wurden belogen, weil ihre Ziele nicht göttlich waren. Zuerst bekamen sie ein paar echte Informationen, dann aber gingen die Lügen los. Auf diese Weise kam man zu der Überzeugung, daß alles nur Lug und Trug und Täuschung sei. In Spionagefällen macht man es heute genauso, erst eine echte Information, dann Fehlinformationen.

Wir erhalten oft Kundgaben von Medien und Zirkeln, die für uns geradezu haarsträubend sind. Warum kann das Geistige Reich hier nichts berichtigen?
Diese Kundgaben sind das Übel, das der größten Religion anhängt, die im Universum gültig ist. Aber bedenkt, daß sich Seelen kundtun, die genau so fanatisch und dumm sind, wie ihre Medien und Zirkelmitglieder. Es handelt sich meistens um einen großen Geltungswahn angeblich Auserwählter, die sich maßlos selbst überschätzen. Ihnen fehlt die Logik echter Bescheidenheit.

Warum werden selbst demütige Medien von Foppgeistern belogen?
Wer vor der Öffentlichkeit seine Demut beteuert, der ist unvorstellbar eitel und geltungsbedürftig. Er will von der Öffentlichkeit anerkannt und gelobt werden. Seine angebliche Demut ist leider nur ein Mäntelchen, das seine Schwäche knapp verdeckt. Doch die jenseitige Welt sieht alles. Bekanntlich sind solche Demutsapostel in der Lage zu hungern, um durch diese Schauspielerei

noch größeren Eindruck zu machen. Die Lügengeister kennen diese Schwächen und reden diese Medien mit Schmeicheleien an, zum Beispiel: ‘Mein liebes, von Gott auserwähltes Kind!’ Sofort fallen sie auf diese Anrede herein und steigern sich in eine Halleluja-Euphorie, und schließlich glauben sie den größten Unsinn, wenn er nur gut klingt und fromme Phrasen enthält.
Darum sind gute Medien selten, denn ein brauchbares Medium behält seinen kühlen, sachlichen Verstand. Es ist daher unbedingt erforderlich, daß ein solches Medium einen guten Betreuer hat, nämlich einen erfahrenen Zirkelleiter, der das Medium vor Fehlentwicklungen schützt und darauf achtet, daß es nicht in den Kreis übler Geister gezogen wird.
Gute Botschaften enthalten nur wenig Frömmigkeit. Sie sind sachlich und aufschlußreich. Aber leider gibt es sehr viele Leute, die nur auf fromme Worte hören, während sie jede Sachlichkeit stört. Diese Menschen sind von der Kirche her so programmiert, daß es wahrlich besser für sie ist, wenn sie sich an die Bibel halten, auch wenn sie nicht ganz stimmt. Am schlimmsten sind die falschen Vorstellungen von Gott, denen auch die Wissenschaft zum Opfer fällt.Wenn von Gott die Rede ist, so müßt ihr euch dazu erziehen, daß ihr Gott nicht als eine einzelne Person betrachtet, die alles weiß und alles sieht. Für euch ist Gott eine unvorstellbare Organisation von Mitarbeitern. Auch die irdische Menschheit gehört dazu. Sie ist ebenfalls ein Teil Gottes!
Wenn ihr also ein Gebet an Gott richtet, so hört Gott

dieses Gebet nicht, weil er ganz andere, viel wichtigere Aufgaben zu erfüllen hat. Aber euer Schutzpatron, jener Engel, der hört euch, auch wenn es sich nur um eure Gedanken handelt. Er kann sich mit anderen Mitarbeitern in Verbindung setzen, um zu beraten, was zu geschehen hat. Aber oft verhindert der Widersacher Gottes jede Hilfe. Außerdem ist die Geistige Welt nicht für materielle Sorgen zuständig, denn dieser Sektor gehört zur irdischen Menschheit. Wie ich schon sagte: Auch die Erdenmenschheit ist ein Teil Gottes, und sie hat ihre Aufgaben! Ihr werdet nun antworten, daß innerhalb dieser göttlichen Menschheit geradezu gottfeindliche Elemente sind, die das Chaos anstreben. Hierzu will ich erwähnen, daß das den Ursprung der Menschheit nicht verändern kann. Viele Menschen sind gefallen, teils wurden sie verführt oder negativ beeinflußt oder zum Unrecht gezwungen. Aber der Weg zu Gott ist nicht versperrt; er ist für jeden Menschen, für jede Seele gangbar! Doch das ist eine Frage der Zeit. Aber da der Mensch oft ins Erdenleben zurückkehrt, bis er den richtigen Weg gefunden hat, spielt das keine Rolle. Ihr könnt eure Reinkarnationen verkürzen, wenn ihr nur wollt. Doch wer sich negativ verhält und es auch bleiben will, der sinkt tiefer. Er wird zwangsweise reinkarniert und fängt seine Schulung in der untersten Klasse von neuem an. Leider glauben die negativ eingestellten Menschen, daß mit ihrem Sterben alles zu Ende ist. Daher ihr Sprichwort: 'Nach mir kann die Sintflut kommen'.

In einem bekannten geisteswissenschaftlichen Werk steht, daß es drei Arten von Menschen geben soll. Die erste Art besitzt eine Tierseele, die sich entwickelt hat. Stimmt das?

Nein, das stimmt nicht. Ich weiß, von wem diese Behauptung stammt. Dieses Medium war ein sehr gelehriger Schüler. Aber er hatte keinen zur Seite, der ihm half oder ihn korrigierte. Wir haben für diese Fehler viel Verständnis, weil wir wissen, wie sie zustande kommen. Diese Fehler kommen nicht immer auf das Konto des Mediums. Wir möchten solche Irrtümer gern fortwischen, aber wir sind behindert, weil es leider zu viele Fanatiker gibt.

Dann können auch bei uns Fehler vorkommen?

Solange die Zusammensetzung der Zirkel gut ist, ist auch der Schutz entsprechend gut. Auf diese Weise kommt so leicht kein anderer Geist an das Medium heran. Außerdem kontrollieren wir auch das Medium, ob es eine andere Annäherung spürt. Bei Einzelmedien ohne Zirkel ist der Schutz immer in Gefahr.

Können Gäste in unseren Sitzungen die Kommunikation beeinflussen?

Das ist durchaus möglich, weil sich dann die Frequenzen verschieben, die für diese Kommunikation sehr wichtig sind. Das geschieht zum Beispiel, wenn die Gedankenträger durch die Gäste zu stark angepeilt werden.

Wird die Gesundheit eines Mediums durch die Zirkelarbeit berührt?
Sie sollte eigentlich nicht berührt werden, außer in dem Sinn, daß es zum Wohle des Mediums ist. Dies ist dann der Fall, wenn es nach den bekannten Gesetzen benutzt wird. Es ist selbstverständlich, daß ein Medium Schaden erleidet, wenn es den Wünschen nach zu vielen Sitzungen entspricht. Wenn die Sitzungen aber einen normalen Verlauf nehmen, wenn Zwischenräume eingelegt werden und das Instrument vollständig entwickelt wurde, dann muß sich sogar eine gesundheitliche Verbesserung des Mediums einstellen. Das ständige Einströmen der geistigen Macht in das irdische Instrument ist so belebend, daß es eine regenerierende Wirkung ausübt. Wird ein Medium verständig benutzt, so hat das eine Verbesserung der Gesundheit zur Folge. Aber eine unerfahrene Ausübung wird Schäden hervorbringen, die aber als Abschreckungsmittel dienen sollen. In sehr vielen Fällen wird durch den profanen Hausspiritismus grober Unfug getrieben. Diese Laienarbeit ist gefährlich. Nicht allein, daß die körperliche Gesundheit des Mediums und der Teilnehmer gefährdet wird, darüber hinaus kommt es zu seelischen Schäden, die sehr ernst zu nehmen sind. Es kommt immer darauf an, welcher Kontakt mit dem Geistigen Reich hergestellt wird. Die gestellten Fragen müssen ethisch einwandfrei sein, sie dürfen nicht mit einem Egoismus zusammenhängen. Aber es gibt Fälle, wo die freie Selbstentscheidung des Menschen in Gefahr gerät. Daran sind die Zirkelteil-

nehmer selbst Schuld. Sie fragen zum Beispiel, ob sie sich morgen das grüne oder rote Kleid kaufen sollen. Auf diese Weise tun sie nur noch das, was ihnen aus dem Geistigen Reich empfohlen wird. Diese Geister gehören jedoch in eine Zuchtanstalt. Aber der irdische Mensch versinkt in eine Art willenloser Schizophrenie. Das ist das Übel, auf das die Kirchen hinweisen!
Leider werden in profanen Hauszirkeln sehr viele begabte Medien mißbraucht. Es folgt dann mitunter ein totaler Zusammenbruch der Gesundheit oder eine gefährliche Besessenheit. Spirituelle Zirkel sollten überhaupt nur zum Dienst an der Menschheit abgehalten werden. Jeder Eigennutz ist gefährlich. Die verunglückten Zirkel tragen nicht zur Verbreitung der Wahrheit bei. Journalisten und Ärzte greifen derartige Vorkommnisse sofort auf, um sie für ihren Atheismus nutzbar zu machen.

Viele Spiritisten bevorzugen die 'Direkte Stimme', die durch eine akustische Materialisation zustande kommt. Wie urteilt Ihr über diese Art des Jenseitskontaktes?
Auch die 'Direkte Stimme' schickt euch meistens auf falsche Wege. Demgegenüber ist der Traum noch zuverlässiger.

Von wem kommt die 'Direkte Stimme' und was bezweckt sie?
Habt Vertrauen zu dem, was euch umgibt. Das ist nämlich zuverlässiger. Das ist euer persönlicher Schutz.

Euer Schutzpatron und eure im Geistigen Reich erworbenen Freunde sind zuverlässig und wollen euer Bestes. Sie lassen den geistigen Wall nicht durchdringen und wachen über euch Tag und Nacht, zu jeder Stunde.

Es existieren Tausende von Zirkeln, meistens spiritistischer Prägung. Wie beurteilt Ihr die Totenbefragung, die fast überall üblich ist?
Es ist so, daß die Toten, die ja eigentlich nicht tot sind, nicht gerne mit alten irdischen Dingen belastet werden möchten. Zu einer Verständigung gehört auch eine geistige Reife, die meistens nicht vorhanden ist. Eine Totenbefragung sollte es nur auf einer höheren Ebene geben.

Wie denkt das Geistige Reich über Johanna d´Arc, der Jungfrau von Orleans?
Johanna war ein Hellhörmedium. In ihr vereinte sich Göttlichkeit und Medialität. Doch leider hat sie versagt. Sie setzte sich für das Negative ein. Sie liebte die Rache. Es gibt nur eines, entweder den Weg nach oben oder nach unten. Doch ein jedes Seil muß reißen, wenn es zu sehr strapaziert wird. Solche Fälle haben die Psychologie veranlaßt, von einer Bewußtseinsspaltung zu sprechen. Diese Spaltung besteht nämlich darin, daß Gut und Böse zugleich vom Medium Besitz ergreifen. Für den Laien beziehungsweise für den Nichtspiritualisten ist es dann unverständlich, daß die Göttlichkeit neben der Dämonie zum Ausdruck kommt. Die Me-

dialität geht oft mit einer großen Labilität einher. Aber bei Johanna wurde diese Labilität durch die Rachegelüste und durch den Geltungstrieb überragt. Das wurde ihr zum Verhängnis.

Es gibt spiritualistische Zirkel, wo man behauptet, mit dem allerhöchsten aller Geistlehrer in Verbindung zu stehen. Was habt Ihr für eine Meinung davon?
Für uns gibt es keinen allerhöchsten Lehrer. Für uns ist nur das Gelübde entscheidend, das wir vor und für Gott ablegen. Dieses Gelübde verspricht ein wahrer und gerechter Diener der Trinität Gottes zu sein, nämlich der Wahrheit, der Liebe und der Gerechtigkeit. Seitdem bin ich unendlich glücklich, denn ich habe für meine Mission, die ich erfüllen möchte, meine ganze Kraft eingesetzt. Ich wurde geschult und belehrt, und das hat viel Zeit gekostet. Ich möchte euch doch sicher führen, und dazu brauche auch ich Erfahrung.

Es gibt spirituelle Zirkel, die angeblich mit Christus einen Kontakt haben. Sag, ist das möglich?
Christus war ein bedeutender Lehrer auf Erden. Das besagt nicht, daß er auch ein bedeutender Lehrer im Jenseits sein muß. Diese Zirkel beziehungsweise ihre Mitglieder sind sehr eingebildet, sie sind mit anderen Lehrern nicht zufrieden und möchten Gott selbst sprechen, was sie mitunter auch behaupten. Aber ich sage euch, daß es sich in allen diesen Fällen nur um eine jenseitige Fopperei handelt. Niedere Geister machen sich

einen bösen Spaß daraus. Hier fehlt die echte Bescheidenheit und der Wille, eine Mission auszuüben. Das ist sehr bedauerlich. Und wenn ihr jene kritisiert, so könnt ihr sofort erkennen, wie negativ diese Menschen reagieren.

Gibt es einen Weg, diese Menschen auszuschalten?
Leider nicht. Aber sie schalten sich von selber aus, denn sie kommen nicht an die Wahrheit heran.

Wie ist es möglich, daß es so viele 'Christusse' gibt, die sich an Einzelmedien heranmachen und nur Unheil in Gottes Namen anrichten und die Menschen verwirren?
Einmal sind es niedere Wesenheiten, die absichtlich Böses im Schilde führen, weil sie daran negative Freude haben. Sie haben auch im Jenseits ihre freie Willensentscheidung, doch schaden sie sich, weil es eine seelische Selbstverstümmelung zur Folge hat. Andererseits wird mit einem Selbstbelügen gearbeitet. Es gibt im Jenseits Evangelisten, die da glauben, sie müßten Christus auf jede Weise helfen. Um aber auf Erden vom Medium oder von einem Kreis ernst genommen zu werden, geben sie sich als Christus selbst aus. Sie fühlen sich berechtigt, in seinem Namen zu sprechen, da sie das Gute wollen, aber nicht reif dazu sind. Aber ihre Kenntnisse sind sehr schlecht, weil sie sich in ihrer eigenen Selbstverherrlichung gegen jede wirkliche Belehrung und Buße versperren. Auch sie haben ihren freien Willen, aber sie bleiben dafür auf einer Stufe, in einer Sphäre.

Stimmt es, daß es Engel gibt, die einem Erdenmenschen erscheinen und mit ihm reden?
Ja, das ist möglich, aber nur in ganz seltenen Fällen. Aber dann wird dem Medium eine Schweigepflicht auferlegt. Folglich wird nie darüber gesprochen.

Wenn diese Schweigepflicht aber gebrochen wird, was geschieht dann?
Dann glaubt man diesem Menschen kein Wort und hält ihn für gefährlich verrückt. Aber für einen Auftrag ist er dann nicht mehr zu gebrauchen.

Es gibt spiritualistische Gruppen, welche allen Ernstes behaupten, mit Erzengeln Kontakt zu haben. Ist ein medialer Kontakt mit einem Erzengel überhaupt möglich, selbst wenn es eine Ausnahme sein sollte?
Ein Kontakt mit einem Erzengel ist ganz unmöglich. Gottes Erzengel haben ganz andere Aufgaben, als sich mit einem Erdenmenschen oder einer Gruppe zu unterhalten. Doch kann im Ausnahmefall eine Botschaft von einem höheren Geistwesen überbracht werden, die von einem Erzengel angeordnet worden ist.

Könnt Ihr uns sagen, welche Aufgaben Erzengel zu erfüllen haben?
Die Erzengel haben nur Aufgaben zur Erhaltung des Universums, da dieses das Eigentum Gottes ist. Der Erzengel Michael betreut den Bestand der Erde, die seit längerer Zeit in Gefahr ist.

Es gibt allerdings Menschen, die behaupten, daß sie mit Gott oder mit Christus oder mit dem Erzengel Michael in Verbindung stehen. Ist daran etwas wahr?
Warum fragt ihr? Ihr wißt doch allzu gut, daß im Geistigen Reich genug Wesen ihren Unfug treiben. Diese Medien sind mit guten Lehren nicht einverstanden. Ihnen genügt kein Ordensname, der ihnen nichts sagt. Sie wollen mehr, sie wollen Gott. Und wenn es noch etwas darüber geben würde, so würden sie das auch noch wollen. Darum werden sie das Opfer von Fopp- und Lügengeistern, die genau wissen, was man von ihnen erwartet. Gott spricht mit keinem Menschen. Aber es gibt hohe Engel, die eine Ermächtigung besitzen, im Namen Gottes zu sprechen. Ob eine solche Botschaft echt ist, könnt ihr mit eurer Logik am Inhalt erkennen.

Ist es möglich, bei genügender Empfangsbereitschaft mit höheren Intelligenzen Verbindung zu bekommen,- und zwar so beweiskräftig, daß man genau weiß, daß man es tatsächlich mit Geistern zu tun hat?
Eine Empfangsbereitschaft allein reicht nicht dazu aus. Es muß vor allem eine gute Medialität vorhanden sein, sie kann in wenigen Tagen zunehmend geschult werden.

Es gibt eine riesige Anzahl von Schriften, welche vor jedem Kontakt mit der Geistwelt eindringlich warnen. Aus diesem Grunde wird der Spiritualismus an der Entwicklung gehindert. Was kann man dazu tun?

Diese Schriften sind zum Teil berechtigt. Aber sie sind einseitig, da sie die zweite Möglichkeit einer wunderbaren Verständigung mit geistigen Lehrern verschweigen. Darauf solltet ihr immer wieder hinweisen. Denn Christus sagte dazu: ‘Ihr werdet die Engel unseres Vaters vom Himmel auf- und niedersteigen sehen‘ (Johannes 1.51).

Im Spiritismus kennt man den Begriff des ‘Vater-Mediums’, das heißt ein solches Medium soll direkten Kontakt mit Gott haben. Was hast Du dazu zu sagen?
Es gibt keinen Menschen, der mit Gott direkt in Verbindung kommen kann. Nur Jesus Christus konnte das. Aber es ist möglich, daß ein Mensch mit einem hohen Engel Kontakt aufnehmen kann, was allerdings sehr selten ist. Die Bezeichnung ‘Vater-Medium’ ist ein Unsinn, der von den Hausspiritisten geprägt wurde, die sich auf ihre ‘Vater-Kontakte’ sehr viel einbilden. Wir lehnen das ab. Ich gebe zu, daß es Jenseitige gibt, die von sich behaupten, daß sie Gott-Vater seien. Wenn man ihnen glaubt, fühlen sie sich gestärkt.

Es gibt einige Zirkel und Medien, welche behaupten, mit einem Erzengel persönlich Kontakt zu haben. Können wir solche Behauptungen ernst nehmen?
Nein! Niemals kommt ein Erzengel zu einem Medium oder in einen Zirkel, Christus schon gar nicht, und sei das Medium oder der Zirkel noch so groß oder gut. Doch es gibt viele Lichtboten, die zum Beispiel

Michael oder Gabriel heißen. Wenn die Zirkelteilnehmer oder Medien einen solchen Namen vernehmen, fallen sie in Verzückung und machen sofort einen Erzengel daraus. Sie zeigen damit allerdings keine Demut und sind mit echten Lichtboten nicht zufrieden. Am liebsten würden sie alle mit Christus oder mit Gott selbst sprechen, wie viele tatsächlich schon behauptet haben. Schon mit Maria wird viel Blasphemie getrieben. Erzengel kommen nicht, sie haben ihre eigenen Botschafter.

Zweifel und Beweise

Die meisten Menschen zweifeln an einem Jenseits, weil sie derartige Kontakte mit dem Jenseits einer Wahnvorstellung oder religiösen Ekstase zuschreiben. Wie kann man diese Vorurteile beseitigen?
Ihr müßt darauf hinweisen, daß sich bei diesen Kontakten auf jede Weise Himmel und Hölle offenbaren. Eure Erfahrung ist ausreichend, diese Merkmale zu beschreiben. Es handelt sich um einen Kampf der Intelligenzen. In Laborversuchen treten diese Erscheinungen kaum wahrnehmbar auf, weil die bösen Intelligenzen diesen Kampf vermeiden. Aber sie arbeiten dann mit Mitteln, die darauf abzielen, das ganze lächerlich zu machen. Auf diese Weise haben sie viel Erfolg zu verzeichnen.

Warum können gute Intelligenzen das nicht verhindern?
Wie bei den Erdenmenschen haben die niederen Seelen andere Mittel, sich durchzusetzen. Diese Jenseitigen Seelen setzen Gewalt an und kennen keine Rücksicht. Dadurch sind sie im Vorteil. Aber auf lange Sicht gesehen ziehen sie doch den Kürzeren.

Sobald man über den Spiritualismus spricht, bekommt man meistens die Antwort: 'In unserem aufgeklärten Zeitalter weiß man doch genau, daß es so etwas nicht gibt'. Was soll man da tun?

Was diese Menschen nicht haben ist leider die Logik. Damit fällt jede weitere Beurteilung fort. Ihr sollt euch keine Beispiele heraussuchen, sondern frei heraus aus der gegebenen Situation einen anderen belehren. Wenn einer nicht will, so drängt euch nicht auf. Ihr erreicht sonst nur das Gegenteil.

Meistens stellt man dem Medium eine schwierige Aufgabe. Wenn das Medium diese Aufgabe nicht lösen kann, wird der ganze Spiritualismus verneint. Wie kann man das ändern?
Die gestellten Aufgaben tragen nicht zu einer Beweisführung bei. Oft sind diese Fragen und Aufgaben einfältig. Das Medium hat jedoch die Mission übernommmen, die Gegenwart der Geistigen Welt zu beweisen. Wie das geschieht, muß der Geistigen Welt überlassen werden, weil nur sie darüber Bescheid weiß, was erlaubt ist und was nicht. Außerdem weiß nur die Geistige Welt, was möglich gemacht werden kann. Sie kennt die Grenzen.

Glaubt Ihr, daß die physikalischen, spiritistischen Phänomene einschließlich der Materialisationen besonders dazu geeignet sind, die jenseitige Existenz zu beweisen?
Diese Phänomene sind ein Teil aller jenseitigen Bemühungen. Doch was wäre eine Vollmaterialisierung einer jenseitigen Seele, wenn sie sich nicht äußern könnte? Eine solche Gestalt muß erkannt werden, sie muß lachen und singen und vor allem sprechen können und

somit zeigen, daß sie individuell lebt. Erst die Individualität beweist eine selbständige Existenz in einer anderen Welt. Im Rahmen der Beweise steht die Intelligenz an erster Stelle, sonst fehlt der Identitätsbeweis.

Der Spiritualismus hat Schwierigkeiten der Verbreitung, weil in einem Zirkel nur wenige Menschen Platz haben. Diese können auch schwer ausgewechselt werden. Alle anderen sind nur auf die Schulungshefte angewiesen. Was man jedoch nicht mit eigenen Augen sehen kann, ist schwer zu beweisen. Was sagst Du dazu?
Nur der gute Wille und die Ehrlichkeit im Suchen der Wahrheit kann zu einem Ziele führen. Wenn dieser gute Wille nicht vorhanden ist, so wird auch ein sogenanntes Wunder nicht überzeugen. Der Mensch kann, wenn er will, jedes großartige Phänomen mit Vermutungen und Theorien abstreiten. Er wird das Wunder wohl zugeben, aber dafür eine Erklärung suchen, die nichts mit Gott oder mit dem Geistigen Reich zu tun hat. Für diese Menschen ist auch der Spiritualismus nicht zuständig, denn sie halten diese Entwicklung nur unnötig auf.

Es gibt einige Interessierte, die der Meinung sind, daß man dem Spiritismus den Vorzug vor dem Spiritualismus geben sollte, weil auf dem Sektor des Spiritismus die Beweise mehr auf der physischen Ebene liegen und daher besser verstanden werden können.
Nein, wir sind dagegen. Wir sind der Ansicht, daß der Spiritualismus eine weit bessere Form der jenseitigen

Verbindung ist. Entweder, die Seele fügt sich dem, was ihr geboten wird, oder sie hat keinen wahren Sinn für die göttlichen Botschaften, die doch vor allem den Zweck haben, die Seele zum Vater zu führen. Im Spiritismus ist jedoch hauptsächlich die niedere Sphäre beteiligt. Man kann in den meisten Fällen sagen: 'Wehe, wenn sie losgelassen'!

Wird die irdische Raumforschung auch zu wichtigen geistigen Erkenntnissen führen?
Wir rechnen stark damit. Außerhalb der Erdanziehungskraft und außerhalb der Erdatmosphäre sind die spirituellen Möglichkeiten besser.

Es wird behauptet, daß die jenseitigen Botschaften zuverlässig sind, wenn sich der Kontaktgeist mit den Worten: 'Gott zum Gruß' meldet. Stimmt das?
Das stimmt keinesfalls. Ein kranker oder böser Geist scheut sich nicht im Geringsten davor, zu behaupten, daß er von Gott kommt. Er schwört jeden Eid, daß er nur das Gute will. Leider fallen die meisten Medien und Teilnehmer darauf herein.

Könnt Ihr uns einen wesentlichen Faktor nennen, der die Echtheit der medialen Kontakte eindeutig beweist?
Jeder Mensch macht gewisse Fehler, ebenso ist es auch bei den Jenseitigen. Ein tätiges Medium wird immer die sprachlichen oder orthographischen Fehler machen, die es normalerweise sonst auch macht. Ein Jenseitiger

wird ebenfalls seine Fehler dieser Art machen. Im medialen Kontakt macht das Medium jedoch nur die Fehler, die der Jenseitige sonst auch macht, aber es kann sein, daß die bekannten Fehler und Eigentümlichkeiten des Mediums wegfallen.

Wäre es vielleicht möglich, das Leben nach dem Tode durch verstärkte physikalische Phänomene zu beweisen?

Die Menschheit weiß über das Leben nach dem Tode ziemlich gut Bescheid. Es gibt kaum einen Menschen auf der Erde, der nichts von Geistern noch von einem Jenseits weiß. Allein, es fehlt der Glaube. Einen Glauben muß man durch eine Glaubensbereitschaft erwerben, und nicht durch eine hartnäckige Weigerung, sich dem Glauben zu nähern. Nun kommt euch und uns allerdings die Raketenforschung zu Hilfe. Das ergibt ganz neue Perspektiven. Die Raumschiff-Forschungen lehren euch jetzt, daß der Mensch eine Seele hat und sogar ein Gewissen. Jetzt werden jene Forscher und Techniker aufwachen, die sich mit dem All beschäftigen. Es wird Schlag auf Schlag zu neuen Erkenntnissen kommen. Auf diese Weise wird auch unsere Zusammenarbeit nach und nach bewiesen werden.

Ich bin der Meinung, daß viele Menschen durch die Verbindung mit einem Verstorbenen zu einem gültigen Beweis kommen. Ist das so?

Das gebe ich zu. Aber es gibt Fälle, wo die Toten durch

gewisse Themen, die angeschnitten wurden, das heißt die sich auf ihr früheres Leben bezogen, arg belastet wurden, die mitunter ihre Entwicklung bedeutend erschwerten. Hierfür muß man also große Übung und vor allen Dingen ein gutes Fingerspitzengefühl haben. Meistens dreht sich alles um irdische Güter. Die Erkenntnisfragen spielen dann nur noch eine untergeordnete Rolle. Menschen, die auf Erden bereits ausgenutzt worden sind, sollen dann im Jenseits, wenn es möglich ist, auch noch weiter ausgenutzt werden. Testamente spielen oft eine große Rolle. Das ist nicht der Sinn des Spiritualismus, auch nicht des Spiritismus. Das alles stört die erforderlichen Schwingungen.

Die 'Direkte Stimme' gehört doch auch zu den Materialisationen. Ihr sagtet doch unlängst, daß Ihr an diesen Phänomenen weniger interessiert seid. Könnt Ihr uns die Gründe dafür sagen?

Auch dieses Phänomen ist ein Teil aller jenseitigen Bemühungen, das Leben auf einer anderen Daseinsstufe zu beweisen. Doch leider steht bei euch im Erdenleben die Sensation im Vordergrund. Jenen hilft es aber nicht weiter. Wir aber sind doch vor allem daran interessiert, daß ihr euren Weg zu Gott finden sollt, wobei wir alles daran setzen, euch dabei zu helfen. Natürlich gibt es immer Ausnahmen. Darum betone ich immer wieder, bei allen Phänomenen nichts zu verallgemeinern. Weist euch die 'Direkte Stimme' diesen Weg, so ist sie gut und wird akzeptiert. Doch sagt sie allen nur 'Guten Tag' und schwärmt vom Wunderbaren, so ist sie ein Zeitvertreib der Jenseitigen, die sich oft sehr wichtig vorkommen, weil man sie entsprechend bewundert.

Was würdest Du als Beweis der echten Medialität anführen, wenn es um eine Zeichnung geht?
Beim vollautomatischen Zeichnen weiß das Medium nicht, was gezeichnet werden soll. Die mediale Zeichnung erfolgt, ohne den Stift abzusetzen, in einem Strich. Kostüme, Frisuren, Waffen, Schmuck und Gebrauchsgegenstände längst vergangener Zeiten werden skizziert und stimmen mit den historischen Überlieferungen überein. Dem Medium und den Teilnehmern sind diese Sachen nicht bekannt. Sie werden überrascht.

Gibt es ein entscheidendes Merkmal, woran man eine echte jenseitige Kommunikation erkennen kann?
Ja, unbedingt. In vielen Fällen handelt es sich um ein Geschwafel oder um religiöse Schwärmereien. Diese bezeichnen wir nicht als echt, auch wenn sie von Jenseitigen stammen. Die wirklich echte Botschaft stammt von autorisierten, das heißt geschulten Lichtboten aus hohen Sphären. Diese Botschaften erkennt man sofort an der Lehre, die in ihr enthalten ist. Botschaften, in denen keine bedeutsame Lehre enthalten ist, sollte man nicht als jenseitig bezeichnen.
Bei Trance-Reden erkennt man die Echtheit ebenfalls an der Lehre, das heißt an der Belehrung der Erdenmenschen, wie sie sich zu verhalten haben und was sie ein-

mal erwartet. Aber die Trance-Reden kennen meistens keinen Punkt hinter einem Satz. Fast alle Sätze sind verschachtelt. Das kommt durch den Geschwindigkeitsunterschied des Denkens zwischen Medium und dem Kommunikator. Ein Jenseitiger denkt viel, viel schnelller als ein Erdenmensch.

Woran erkennt man nun als Erdenmensch eine echte, positive Verbindung?
An der Art der Sprache: Keine Drohung, keine Beleidigung, Rücksichtnahme und kein Verrat am Menschen. Höchstes Verständnis ist ein vortreffliches Zeichen.
Gott spricht eine klare Sprache, die für den einfachsten Menschen verständlich ist! Gott spricht nicht in Symbolen und spricht keine Gelehrtensprache. Auch die Lichtboten folgen seinem Beispiel, doch sind Gleichnisse einfacher Art zugelassen.

Wie ist es möglich, daß die objektive Lehre und Wahrheit für die meisten Menschen noch so im Hintergrund geblieben ist?
Das liegt daran, daß sich viele mediale Kundgaben widersprechen. Aus diesem Grunde ist der Spiritualismus nicht glaubwürdig genug. Die Medien und Zirkel arbeiten zu unterschiedlich, auch wenn im großen Ganzen eine klare Linie besteht. Die Details sind jedoch völlig unklar.

Liegt dieses Versagen an den Medien oder an den Jenseitigen, die sich ihrer bedienen?
Es liegt selbstverständlich immer an den Medien, denn ein gutes Medium hat niemals einen schlechten jenseitigen Führer. Nicht autorisierte Jenseitige können sich längere Zeit nur durch unreife oder schlechte Medien kundtun. Bei allen Medien ist es von ausschlaggebender Bedeutung, mit welchen Jenseitigen sie in Verbindung stehen. Aus diesem Grunde sind die Kommunikationen aus der Geistigen Welt sehr verschieden. Ein jenseitiger Geist kann nur das wiedergeben, was er aus eigener Erfahrung weiß. Er kann also nur über die Sphären wahrheitsgetreu berichten, die ihm zugänglich sind. Man muß daher immer berücksichtigen, daß die jenseitigen Kommunikationen nie das ganze Geistige Reich, sondern nur eine Sphäre betreffen. Die Sphären sind aber sehr zahlreich, sodaß auch die Erkenntnisse darüber sehr zahlreich und nie allgemeingültig sind. Wir bemühen uns, möglichst nur das zu berichten, was für eure Entwicklung am Besten geeignet ist. Für nur Neugierige sind diese Lehren keineswegs geeignet, auch nicht für starrsinnige Fanatiker und Dogmatiker.

Kannst Du uns sagen, mit welchen Mitteln die Menschheit zur großen Wahrheit gelangen wird?
Mit Hilfe der Technik, denn alles andere zählt ja nicht, weil es verdreht werden kann. Wenn jemand sagt, er habe einen Geist gesehen, so erwidert man ihm: ‘Das hast du dir nur eingebildet’. Aber wenn die Technik

einen solchen Fall aufzeichnet, dann ist das etwas von Bedeutung.

Wird die Technik die Jenseitskontakte so verbessern, daß die Hilfe von Medien nicht mehr nötig ist?
Es könnten unter Umständen noch tausend Jahre vergehen, bis es so weit ist, daß man auf Medien verzichten kann. Das automatische Medialschreiben ist die beste Jenseitsverbindung, die es auf der ganzen Welt gibt. Selbst wenn es einmal möglich ist, mit Hilfe der Technik Botschaften aus dem Jenseits zu empfangen oder sogar Bildfragmente zu erhaschen, so fehlt dennoch eine sehr wichtige Voraussetzung für den Kontakt, nämlich die jahrelange Freundschaft zwischen Diesseitigen und Jenseitigen, aus dem heißen Wunsch geboren, der Menschheit Gutes zu erweisen.

Trotz der vielen, vielen Bücher, die sich mit diesem Gebiet befassen, gibt es kaum ein Buch, von dem man sagen kann, daß es nur aus reiner, objektiver Wahrheit besteht. Was sagst Du dazu?
Das trifft leider zu. Ich erwähnte schon den ungeheuren Wust. Die meisten Bücher bestehen aus Wahrheit und Fiktion. Aber welcher Laie soll das auseinanderhalten? Das Negative wird leider mit Wahrheit gewürzt, damit es glaubhaft erscheint. Auf diese Weise wird die Speise des falschen Glaubens gewürzt, damit sie gegessen wird. Meistens sind jedoch unvollkommene Medien daran schuld.

Die Zirkelteilnehmer haben manchmal den Eindruck, daß die Individualität des Führergeistes sich entsprechend des benutzten Mediums etwas ändert.
Woran liegt das?
Das ist nur eine Täuschung. Meine Antworten und meine Individualität ändern sich durch die Benutzung eines anderen Mediums nicht. Diese Täuschung liegt nur an der Stimme und an der Art des Lesens. Ihr empfindet daher meine Antworten anders, wenn sie durch einen jungen Mann oder durch ein junges Mädchen vorgetragen werden. Ein Mädchen ist aber meistens verbindlicher. Aus diesem Grunde ist es im öffentlichen Leben sehr wichtig, daß der richtige Text vom richtigen Geschlecht vorgetragen wird, da sonst durch die Stimme allein schon ein ganz anderer Eindruck der Mitteilung entsteht. Hier werden viele Fehler gemacht.

Die Theologie

Ein Seelsorger hat eine Broschüre über den Spiritismus herausgegeben. In dieser lehnt er alles entschieden ab. Wie kann man gegen eine derartige Verleumdung vorgehen?
Wie ihr wißt, gibt dieser Seelsorger zu, daß er selbst niemals eine spiritistische Sitzung mitgemacht hat und auch nie mitmachen will. Ebenso gibt es unzählige Autoren, die überhaupt keine Selbsterfahrung haben, aber ihren Zweifel niederschreiben und verbreiten. Das sind in unseren Augen keine Seelsorger, sondern Menschen, die an der ständigen Neuoffenbarung aus göttlichen Sphären zweifeln. Gegen den Zweifel gibt es nur die Tatsache, und deshalb ist es eure Aufgabe, Tatsachen entgegen zu stellen, wie ihr es bereits tut.

Dieser Seelsorger beruft sich auf einen Bibelvers: 3. Mos. 20, 27.: 'Wenn in einem Manne oder in einer Frau ein Totengeist ist, so sollen sie mit dem Tode bestraft werden'! Was sagt Ihr dazu?
Dieser christliche Seelsorger beruft sich auf eine jüdische Schrift, die durch Christus derartig kritisiert worden ist, daß man ihn umbrachte. Er ist also ein Christ, der sich kaum auf das neue Testament besinnt. Außerdem ist dieser Vers ein absoluter Unsinn, denn die wirkliche Antwort darauf lautet: 'Du sollst nicht töten'! Ihr seht, wie fadenscheinig alle diese Schriften sind, die

den Spiritualismus entkräften sollen.

Es werden Bücher geschrieben und gedruckt, in denen behauptet wird, daß der Jenseitskontakt eine dämonische Verbindung, somit eine große Sünde sei.
Es ist doch allgemein bekannt, daß es Autoren gibt, die einen vollendeten Quatsch schreiben, der nichts mit der Wahrheit zu tun hat. Das ist eine Ansicht der Kirchen beziehungsweise der Priester, die davon keine Ahnung haben. Nehmen wir als Beispiel den großen Lehrer Christus. Er war ein sehr gutes Medium und schöpfte sein Wissen nicht aus den Schriften, sondern aus der Verbindung mit dem Geistigen Reich, so, wie es die Propheten alle machten. Auch Sokrates gehört dazu. Christus war hellhörig, er konnte sich mit den Führungsgeistern aussprechen. Er wurde aus dem Jenseits her belehrt und erfuhr so, daß er eine Aufgabe hatte. Aber diese Hellhörigkeit kann manchmal unterbrochen sein. In diesem Falle bediente sich der Meister Christus des automatischen Schreibens. Er schrieb mit dem Finger in den Sand und holte sich die Antworten, die er selbst nicht geben konnte. Wenn man also auf den Quatsch hören würde, den die Autoren schreiben, so würde Christus auch ein Anhänger des Teufels gewesen sein. Hier erkennt ihr den ganzen Unsinn!

Die Ansicht eines Theologen über Schreibmedien: Hinsichtlich der Offenbarungen durch ein Schreibmedium sieht der Parapsychologe einen psychischen Auto-

matismus, ein Bewußtwerden von unterbewußten Inhalten. Ohne Zweifel braucht man hier keineswegs an eine Offenbarung aus dem Totenreich oder Jenseits denken. Wenn ein Medium sich hinterher für einen Propheten hält, der mit seinen Offenbarungen die Menschheit beglücken soll, so ist er einem Hochmutsgeist verfallen. Es handelt sich in diesem Fall nicht um eine direkte, sondern um eine indirekte Dämonisierung.

Die Ansicht des gleichen Theologen über Materialisationen (1964):
Der Aufbau von Phantomen ist heute tiefenpsychologisch zu erklären. Das Medium sendet Energie aus und verdichtet diese Energie zu Masse. Die Umwand-lung ist heute nach den Erkenntnissen der Kernphysik möglich. Materie ist ja nichts anderes als Energiebal-lung. Wir sehen die Gleichsetzung auch in der Einsteinschen Formel: $e = m \times c^2$. - Wenn noch ein anderer Vergleich aus der Physik genommen werden darf, so sei folgendes erwähnt: wenn eine Röntgen-Röhre mit einer Millionen Volt betrieben wird, dann entstehen an der Kathode Teilchen und Antiteilchen. Wir haben also auch hier den Vorgang, daß Energie, elektromagnetische Wellen, Masse absetzen.
Außerdem handelt es sich bei den mediumistischen Vorgängen um ein unterbewußtes Anzapfen von Wissensinhalten und die psychische Modulation, die Formung der in der Masse verwandelten Energie mit dem angezapften Material. Zuletzt wird das Phantom gesteuert

und der aus dem 'Totenreich' erschienene Verstorbene ist fertig.

Ein Kommentar der Geistigen Welt zu den obigen Ansichten des Theologen:
Merkwürdig, daß sich die Theologen als Wissenschaftler fühlen und sich als Dozenten betätigen. Diese Darlegung gewinnt an Bedeutung, weil sie durch Broschüren publiziert wird, die das an und für sich gesunde Urteil der Mehrheit vergiftet.
Der Mensch besitzt nämlich eine natürliche Logik, die er in vielen Situationen und bei vielen Entscheidungen anwenden kann. Diese natürliche Logik wird jedoch durch angebliche Besserwisser verdorben, da sie diesen Besserwissern den Platz einräumt. Bei den Schreibmedien gibt es selbstverständlich alle Arten, die mehr oder minder begabt sind. Ein brauchbares Medium bekommt Anschluß zu einem Führer, der - ohne jeden Zweifel zu hinterlassen - befähigt ist, seine jenseitige Existenz als selbständiges Individuum zu beweisen. Durch diese Tatsache ist es überhaupt nur möglich, daß sich größere Gesellschaften bilden können, die sich mit der Erforschung der jenseitigen Bereiche befassen.
Durch die vernunftlosen, verkomplizierenden Darstellungen solcher Menschen, wie hier das Beispiel zeigt, sind die meisten Menschen der Ansicht, daß ein mediumistischer Zirkel aus beschränkten Menschen besteht. Das Gegenteil ist jedoch der Fall, sofern es sich nicht um einen Hausspiritismus handelt, der in der Schlaf-

stube oder in der Küche neben den Bratkartoffeln stattfindet. Ein guter Zirkel braucht gute, das heißt hochintelligente Teilnehmer, die über einen gesunden Verstand verfügen. Ein solcher Teilnehmer soll ja die Fragen stellen. Er soll aber auch die Antworten aus dem Geistigen Reich entsprechend unter die Lupe seiner Logik nehmen. Ist der Zirkel minderwertig besetzt, so schreit es aus dem entsprechenden 'Walde' heraus, so, wie die Fragen gestellt worden sind, das heißt, eine dumme Frage fordert eine dumme Antwort heraus.

Gute Zirkel gibt es leider weniger zahlreich. Aber diese Zirkel sind durch Gelehrte, Pädagogen, Professoren, Ärzte und Schriftsteller besetzt. Das sind keinesfalls minderwertige Menschen, die alles blindlings akzeptieren, um dann in Verzückung zu geraten.

Meines Wissens ist es noch nie dagewesen, daß ein Medium das Wissen seiner Mitmenschen anzapft, um es mit Hilfe von Energien zu modulieren. Der Zirkel zapft mit dem Medium zusammen das Wissen der Jenseitigen Intelligenzen an. Das stimmt. Aber wo kommt das Wissen her, wenn es sich um Dinge handelt, die kein Teilnehmer weiß und die über die Erfahrungen gehen? Wie kann ein Medium mit Hilfe von Energie-Ballungen eine Abhandlung in einer Fremdsprache bringen, die kein Teilnehmer beherrscht? Was der schlaue Theologe über die Geistmaterialisationen sagt, macht mir beinahe Spaß, wenn nicht so viel Ernst dahinter stecken würde.

Es ist meines Wissens noch nie vorgekommen, daß eine derartige Sitzung mit einer Millionen Volt oder mit

Röntgenstrahlen gearbeitet hat, um einen Geist zu durchleuchten. Wie schlecht dieser Publizist von den tatsächlichen Möglichkeiten unterrichtet ist, beweist, daß er den jenseitigen Geist in seiner Materialisation als Phantom bezeichnet. Ein materialisierter Geist ist niemals ein Phantom, sondern ein Geist. Ein Phantom ist eine eingebildete Vision, das heißt eine gedanklich produzierte Schau eines Wesens. Was jedoch die Gefährlichkeit des Spiritualismus anbetrifft, so sei zu bemerken und zu bedenken, daß in der ganzen Welt Millionen Menschen geistige Hilfe erhalten, wenn sie krank sind. Die spiritualistischen Heilgemeinschaften haben Erfolge aufzuweisen, die nicht geleugnet werden können. Übrigens ist es nicht selten, daß gerade die Theologen vor dem Jenseits die größte Angst haben, die sie anderen einimpfen wollen. Man sollte nur das glauben, was erfahrene Praktiker zu berichten haben. Theorien dieser Art sind sinnloses, aber gefährliches Geschwätz.

Die Wissenschaft

Die spiritualistische Forschung wird von den Universitäten immer noch nicht ernst genug genommen. Woran liegt das?
Die akademischen Forscher wenden sich den falschen Medien und Zirkeln zu, weil sie mehr nach einer Sensation suchen als nach höheren Erkenntnissen. Sie bleiben daher im Anfang bereits stecken. Sehr oft werden sie infolge ihrer atheistischen Einstellung ein Opfer der niederen Geister. Wenn ein Zirkel durch und durch lauter entwickelt worden ist, so kann man von einer Forschung sprechen. Doch wenn das Suchen und Experimentieren unaufrichtig ist, nur um niedere Wünsche zu befriedigen, so ist das keine Forschung mehr, sondern eine naturwidrige Blasphemie. Wahrhaftiges Forschen hat unsere Zustimmung.

Gibt es einen bedeutenden Unterschied zwischen einem Labortest und einem Heimzirkel?
Unbedingt. Ein Labortest hat niemals die Atmosphäre beziehungsweise die Harmonie, wie sie bei einem Heimzirkel der Fall ist. Daher können niedere Geistwesen sehr leicht das Medium mißbrauchen. Doch die Resultate, die in einem Heimzirkel erreicht werden, interessieren die Wissenschaftler kaum, weil sie nicht unter ihrer Regie zustande gekommen sind.

So liegt das Versagen hauptsächlich an den Wissenschaftlern und nicht an den Medien?
Soweit ich das beurteilen kann liegt das daran, daß die Wissenschaftler nicht die göttliche Wahrheit suchen, sondern den Beweis erbringen wollen, daß es sich um kriminelle Medien handelt oder alles nur Einbildung ist. Diese Einstellung macht alles zunichte. Hinterher heißt es, daß die Medien hysterisch geworden sind und nichts können. Ein christlicher Zirkel, der mit guten Gedanken arbeitet, wird immer Erfolg haben, auch wenn die Medien nur mittelmäßig sind.

Viele Wissenschaftler sagen, daß der Spiritualismus eine Art Religion sei, also ein Glaube. Doch der Glaube muß ja nicht unbedingt bewiesen werden. Folglich sagen die Wissenschaftler: Was geht uns eine Religion an? Das ist nicht unsere Aufgabe!
Spiritualismus heißt: Suchen, erkennen und veredeln der Seele! Die Seele ist selbstverständlich auf geistige Hilfe und Belehrung angewiesen - und die Materie auf die ärztliche Kunst.

Warum machen so viele Wissenschaftler Schwierigkeiten, wenn es sich um die Anerkennung eines übersinnlichen Phänomens handelt?
Wenn Atheisten und Gottzweifler solche Phänomene oder Medien prüfen wollen, so könnte man genauso gut sagen: 'Der Teufel soll ein Urteil über das Wirken Göttlicher Kräfte abgeben'. Was ist da zu erwarten? Fragt

ihr einen Mörder, was er von einem Engel hält?

Wäre es möglich, spirituelle Sitzungen in Universitäten abzuhalten?
Der akademische Forscher, der einer Universität angehört, hat in den meisten Fällen nur eine theoretische Erfahrung, die ihn nicht überzeugt hat, da er ein viel zu großer Skeptiker ist. Da er kein langjähriger Spiritualist mit eigenen praktischen Erfahrungen ist, hinken seine Ansichten und Schlußfolgerungen weit hinter der Wahrheit her. Er stellt an die Medien wie auch an das Geistige Reich Forderungen, die im Anfang kein wahrheitssuchender Spiritualist akzeptiert. Die Unerfahrenheit und Unwissenheit der akademischen Forscher verlangt einfach Unmögliches oder endet in einer Blasphemie.

Dann ist es kein Wunder, daß die meisten Versuche der Wissenschaftler scheitern. Ist es so?
Selbst wenn man den Medien gestattet, zu beten oder christliche Symbole zu benutzen, zum Beispiel Kerzen anzuzünden, können trotzdem die Versuche scheitern, weil die Wissenschaftler atheistisch eingestellt sind. Das Geistige Reich reagiert auf kleinste Gedankenimpulse.

Trotz aller spirituellen Beweise stellen sich maßgebende Persönlichkeiten taub. Sie wollen sich um die Wahrheit herumdrücken und erfinden faule Ausreden. Was sagt das Geistige Reich zu diesem Verhalten?

Alle wissenschaftlichen Erkenntnisse brauchen Vertrauen. Beim Spiritualismus fehlt das notwendige Vertrauen. Es gibt zum Beispiel Chirurgen, die aus Gewinnsucht operieren, obgleich es nicht notwendig ist. Es gibt andere Ärzte, die gewissenlos Medikamente verordnen, die dem Patienten schaden. Es gibt Mediziner und andere Kapazitäten, die den Tod eines Menschen verschulden, zum Beispiel aus Fahrlässigkeit oder Nichtkönnen. Trotzdem bringt man der Medizin oder Wissenschaft ein gewisses Vertrauen entgegen. Die Fehler werden nicht so publik gemacht. Ganz anders ist es mit der Grenzwissenschaft. Wenn ein Medium versagt oder bewußt betrügt, oder wenn ein Experiment nicht glückt, so werden diese Fehler hoch an die Glocke gehängt. Die Folge ist, daß man das Vertrauen entzieht und jeden positiven Erfolg nicht mehr wertet. Fehler und Betrügereien oder Mißbrauch und Ausnutzung guten Glaubens gibt es auf allen Gebieten. Nur beim Spiritualismus sind derartige Entgleisungen geradezu willkommen, um das ganze zu verneinen. In diesem Verhalten erblicken auch wir keine Logik. Aber es liegt im Innern des unreifen Menschen, alles Geistige und vor allem die Unsterblichkeit der menschlichen Seele zu verleugnen. Außerdem will der Erdenmensch nichts mit einer jenseitigen Verantwortung zu tun haben, denn er weiß, wie er ist. Viel lieber begrüßt er noch eine religiöse Lehre, die ihm Sündenvergebung zusichert, ohne sich ändern zu müssen.

Wie kommt es, daß ein bekannter Professor, der doch viele Möglichkeiten zur Erforschung hat, noch immer eine animistische Verhaltensweise zeigt?

Erstens möchten diese Wissenschaftler gerne ihren Platz behalten, den sie nur Animisten verdanken. Ihr Auftrag lautet: 'Sie sollen den Spiritualisten möglichst beweisen, daß sie unrecht haben und daß sie sich haben täuschen lassen'. Je mehr ein Forscher sich der Wahrheit nähert, um so näher kommt er auch zwangsläufig zu Gott. Das ist jedoch nicht im Sinn der Auftraggeber, denn Gott soll auf keinen Fall bewiesen werden. Wenn die Sonne ein absoluter Beweis für die Macht Gottes wäre, würde man auch die Sonne ableugnen oder eine blödsinnige Erklärung für ihr Vorhandensein erfinden. Abstreiten oder zerreden kann man selbstverständlich alles, aber ob es geglaubt wird, ist eine andere Sache. Doch wenn die verrücktesten Definitionen von wissenschaftlicher beziehungsweise von akademischer Seite kommen, so tragen sie selbstverständlich ein 'Siegel', das für die Wahrheit sprechen soll.

Streng kontrollierte Versuche haben bewiesen, daß es eine Gedankenübertragung von Mensch zu Mensch gibt. Warum geht man nicht einen Schritt weiter und gibt zu, daß es eine Seele gibt, die unsterblich ist?

Es stimmt, daß die Wissenschaft die Telepathie anerkannt hat. Was die Unsterblichkeit der Seele anbetrifft, so stehen staatliche Interessen dieser Tatsache entgegen. Zwar müßte sich jeder vernünftige Mensch sagen, daß es keine Telepathie geben kann, wenn das Bewußtsein nur im Hirn vorhanden ist. Die Telepathie ist der beste Beweis für die Tatsache, daß das Bewußtsein des Menschen nicht an die Materie gebunden ist. Damit ist der Unsinn des Sowjetrussischen Dialektischen Materialismus eindeutig widerlegt. Selbst berühmte Wissenschaftler können mitunter nicht konsequent genug weiterdenken. Sie sind in ihrem Wissen nur auf einem bestimmten Sektor kompetent. Übrigens gibt es nicht nur eine Telepathie von Mensch zu Mensch, sondern auch eine Telepathie zwischen Tier und Mensch. Außerdem gibt es eine Gedankenübertragung von jenseitig lebenden Seelen zu diesseitig lebenden Menschen. Es gibt sogar eine direkte Willensübertragung, die zur Besessenheit führen kann. In den nächsten fünfzig Jahren wird man das alles so erforscht haben, daß es keine Unwissenheit und Zweifel mehr in dieser Hinsicht geben wird. Damit kommt die Menschheit dann in ein Zeitalter, das die ganze Welt verändern wird. Wenn man dann die Wege der geistigen Erkenntnis beschreiten wird, wird wahrscheinlich die brachliegende Hälfte des menschlichen Hirns aktiviert werden. Zur Zeit ist der Mensch noch nicht voll entwickelt; im Gegenteil, er hat der Entwicklung entgegen gewirkt. Große Laster, wie zum Beispiel das Rauchen, haben sich nicht allein körperlich ausgewirkt, sondern auch geistigen Schaden angerichtet.

Immer wieder behaupten unsere Kritiker, daß das

Unterbewußtsein bei Jenseitskontakten eine bedeutende Rolle spielen muß. Man spricht von einem genialen Unterbewußtsein, das dem Medium völlig unbewußt sei. Es gilt daher, diese falsche Behauptung eindeutig zu widerlegen. Was sagst Du dazu?
Diese Behauptung ist schon von hervorragenden Wissenschaftlern eindeutig widerlegt worden. Wenn es aber so wäre, dann würde ich den Vorschlag machen, daß die Menschheitsführer ihren Verstand außer Aktion lassen und sich nur noch auf das völlig unbewußte Unterbewußtsein verlassen, dann würde dieser Planet sehr bald zu einem göttlichen Paradies werden. Wissen verlangt Schulung, und woher hat das völlig unbewußte Unterbewußtsein seine Schulung und seine weltweite Erfahrung? Daran könnt ihr den Unsinn erkennen, mit dem man die Wahrheit diskriminieren möchte.

Könnt Ihr uns bitte sagen, warum die Wissenschaft angesichts derartiger Beweise noch immer etwas skeptisch ist? Kann dem durch bessere Möglichkeiten abgeholfen werden, damit der Spiritualismus endlich auch in den Universitäten zum Zuge kommt?
Das liegt daran, daß in der Wissenschaft in diesem Falle nicht die richtige Reihenfolge eingehalten wird. Diese Forschungen überspringen einzelne Grundstadien. Die Wissenschaft ist in ihrer Überheblichkeit nicht willens, beim Spirituellen da zu beginnen, wo alle Privatpersonen damit begonnen haben. Sie will sofort das Vollkommene und Vollendete in den Händen haben, ohne etwas

mit Gott oder dem Teufel zu tun zu haben. Die meisten Phänomene können von diesen Menschen nicht richtig erklärt werden, weil jene Wissenschaftler versäumt haben, zu ergründen, was Geist ist. Genial ist übersinnlich, doch sie können diesen Wert nicht erklären. Hinter dem Wort Tod darf kein Punkt stehen. Um die geistige Existenz einer menschlichen Seele nach dem irdischen Tode nachzuweisen, bedarf es keiner übernatürlichen Beweise. Alle bisher gegebenen Beweise sind natürlich, auch wenn sie auf euch unbekannten Gesetzen beruhen. Die aus dem Jenseits an euch gegebenen Beweise sind überzeugend und in der Zahl völlig ausreichend. Es ist tatsächlich nur böser Wille, diese erdrückenden Beweise jenseitigen Lebens zu bagatellisieren oder zu verspotten. Dieser Spott hat den Spuk zur Folge und fordert unentwickelte, negative jenseitige Seelen heraus, welche dann Millionen von Erdenmenschen krank machen. Die höherentwickelten jenseitigen Seelen, die in der göttlichen Ordnung leben, bemühen sich, euch zur höheren Erkenntnis zu verhelfen. In einem spiritualistischen Zirkel müssen vorwiegend positiv eingestellte Teilnehmer vorhanden sein, da alle Anwesenden aus ihrem Blut einen für euch unsichtbaren Stoff ausstrahlen, der sich jedoch materialisieren läßt. Dieser Stoff, der mit Od bezeichnet wird, ist farbig und stellt eine Energie dar. Diese Od-Endergie der positiven Menschen ist für uns Lehrer besonders gut geeignet, während die negative Od-Energie materialistischer Menschen sich besser für Störungsaktionen oder für niedrige spiritistische Phänomene eignet. Das Od lastet im Zirkelraum etwa wie eine bunte Wolke. Die positive Kraft wird durch materielles Blaulicht begünstigt. Die negative Kraft wird hingegen durch materielles Rotlicht aktiv gemacht.

Wir Jenseitige ziehen diese Kraft wie in Magnet an, das heißt wir verbrauchen diese Energie zu den erforderlichen Bewegungen, welche wir auf das Medium übertragen müssen. Ist die positive Kraft verbraucht, so werden die Zirkelteilnehmer deutlich müde. Auch das Medium kann müde werden. Mitunter müssen wir auch zusätzlich die negative Kraft benutzen, wenn die andere nicht ausreicht. Doch dann wird der Kontakt unsicher oder er wird mitunter gestört. Die positive Od-Energie wird nicht auf das benutzte Medium übertragen. Das Geistwesen verbraucht diese Kraft für seine Kraftleistungen, um die Hand des Mediums zu führen. Das geschieht in folgender Weise: ich stehe rechts neben dem Medium auf einer Stelle, die von keinem Menschen besetzt sein darf. Mit meiner linken Astralhand stütze ich mich auf die obere linke Ecke des Bogens, der beschrieben werden soll. Meine rechte Astralhand spreizt die Finger und umklammert mit festem Griff die ganze Hand des Mediums, das diesen Druck jedoch nicht spürt. Dagegen verspürt das Medium jenen feinen Zug, den ich mit der Hand ausführe. Beachtet bitte folgendes sehr genau: Ich kann mit meiner Hand keinesfalls die Hand des Mediums anheben. Es ist mir nur möglich, mit der Hand des Mediums Striche oder

Schleifen auf dem Papier auszuführen. Aus diesem Grund ist eine vollautomatische Medialschrift stets gebunden, das heißt die Worte sind nicht voneinander getrennt. Ich setze auch keine Interpunktion und keine anderen Zeichen während des Schreibens. Das Medium muß sich völlig passiv verhalten, sowohl geistig wie auch körperlich. In allen Fällen, wo die Medialschrift aus getrennten Worten besteht oder eine Zeichensetzung enthält, handelt es sich nicht mehr um eine mediale Vollautomatik. In derartigen Fällen tritt entweder die Inspiration hervor, oder das Medium arbeitet mit dem Unterbewußtsein, oft sogar mit dem Verstand. Aus Sicherheitsgründen schreibe ich oberflächlich, auch wenn das Medium sehr viel Mühe für die Entzifferung aufbringen muß. Das Medium kann aber auf diese Weise meine Schrift nicht verfolgen und daher nicht hellhörig werden, denn eine Hellhörigkeit führt sehr oft zu Besessenheiten, weil nach dem Zirkel sich auch andere Seelen an das Medium heranmachen.

Meine Gedanken beziehungsweise die Gedanken aller jenseitigen Seelen arbeiten sehr viel schneller als jene Gedanken, die erst über das materielle Hirn gehen müssen. Schon aus diesem Grunde habe ich Mühe, mit dem Niederschreiben zu folgen, da meine Gedanken sehr weit vorauseilen. Aus diesem Grunde erkennt man echte Durchgaben an der sehr schnellen Niederschrift und schließlich noch an den sehr langen, geschachtelten Sätzen.

Ein bekannter Professor sagt dazu, daß in den jungen Medien Spannungen entstehen, die sich dann in einer Bewegung äußern. Hat das etwas damit zu tun?
Das ist ein absoluter Irrtum, der nur entstehen kann, wenn der betreffende Wissenschaftler ein Animist ist, ein Mensch, der nicht an das Überleben der Seele nach dem Tod glaubt. Im Geistigen Reich gibt es selbstverständlich viele junge Entkörperte, die noch geistig unreif sind und wie sogenannte 'Halbstarke' herumlungern, statt sich um ein Höherkommen zu bemühen. Finden diese Seelen ein Medium, so versuchen sie, mit diesem etwas anzustellen. Ein älterer Mensch ist nicht für solch einen Spuk aufgeschlossen. Doch ein Mensch, der noch in der Pubertät ist, ist mental dazu geeignet. Er reagiert meistens prompt. Aber es gibt auch ältere Seelen, die schon auf Erden genug Unfug angestellt haben. Diese machen gerne mit. Höhere Seelen sind dagegen machtlos, weil sie nicht für die Gewalt geeignet sind. Daher kommt es in den meisten Fällen vor, daß der Spuk so blödsinnig ist, daß man an Geisteskräfte jenseitiger Intelligenzen nicht recht zu glauben vermag. Aber junge Leute im Pubertätsalter schmeißen ja auch auf Erden die Scheiben ein.

Müssen Geistige Gesetze unbedingt auf irdische Weise bewiesen werden?
Ich kann viele Illustrationen dazu geben, aber ich habe im Sinn, daß diese auch gut verstanden werden. Nehmen wir zum Beispiel das Hellsehen. In eurer Welt

gibt es viele, die hellsehen können, aber sie haben trotzdem keinen echten Kontakt zur Geistigen Welt! Ihre Befähigung des Hellsehens ist ein Teil ihrer angeborenen psychischen Ausrüstung. Deshalb können sie psychische Gesetze erfassen und mit ihren physischen Augen sehen. Aber keiner aus der Geistigen Welt ist mit dieser Demonstration verbunden. Die Hellsehenden können nicht einmal die 'Toten' sehen. Sie erblicken Szenen, sie haben Wahrnehmungen und Warnungen. Manchmal können sie in die Zukunft, manchmal in die Vergangenheit schauen. Es ist nur die reine natürliche psychische Fähigkeit des Hellsehens. Ist das so klar? Mit den irdischen Gesetzen können geistige Phänomene nicht erklärt werden. Doch weil die Wissenschaft es so will, kommt der Spiritualismus so schlecht voran. Selbstverständlich hat das Geistige Reich auch viele eigene Gesetze, die euch vor fast unlösbare Rätsel stellen. Viele von euch können nur die psychischen Fähigkeiten ausüben, die sie auf der physikalischen Ebene ausgeführt haben. Es ist eben eine Ausweitung der Sinne, es berührt überhaupt nicht die Geistige Welt.
Man kann daher nicht diese Menschen als spirituelle Medien bezeichnen. Diese Menschen, die man für okkulte Medien hält, berühren nur die physikalischen Gesetze oder den psychischen Einfluß, der die physikalischen Gesetze kaum erkennbar umgibt. In der gleichen Weise, wie der echte Wahrsager oder der unverfälschte Kristallbetrachter ohne geistige Intervention sehen oder hören kann, so kann ein afrikanischer Medi-

zinmann, der im Gebrauch seiner eigenen psychischen Fähigkeiten ausgebildet ist, diese durch gewisse Zeremonien und Riten harmonisieren und mit der Kraft, die hinter dem physikalischen Gesetz sieht, Regen hervorbringen. Deutlicher kann ich es aber nicht auslegen.

Das ist nun sehr klar. Es ist ein faszinierendes Thema. Demnach sind nicht alle okkulten Phänomene rein spirituell?
Nein, so ist es. In Indien gibt es viele Yogis, die sehr kundig sind und trotzdem keinen Kontakt mit der Geistigen Welt besitzen. Viele von ihnen würden erschreckt sein, wenn sie einen Geist sehen würden. Alle Mediumschaft ist eine Zusammenarbeit des Spirituellen und des Psychischen. Es liegt in der Vermischung der Kräfte, daß eine geistige Verbindung zustande kommt. Die Fähigkeit, mit unserer Welt in Verbindung zu treten, hängt nicht allein von der psychischen Gabe des Mediums ab, sondern liegt in der Zusammenarbeit eines geistigen Führers oder einer geistigen Kontrolle mit dem benutzten Instrument (Medium). Aber es gibt leider viele unkontrollierte Medien, die dann mißbraucht werden.

Wenn man bedenkt, daß alle diese Beweise unzweifelhaft die Existenz eines jenseitigen Lebens bejahen, so ist es für uns unbegreiflich, daß gewisse Forscher und Wissenschaftler diese Tatsachen nicht als Beweise anerkennen. Woran liegt das?

Was wirkliche Spiritualisten erforscht und erprobt haben, wird von den vielen Wissenschaftlern zwar gelesen, aber sie haben meistens niemals einem echten Kontakt beigewohnt. Sie urteilen über etwas, das sie aber aus eigener Erfahrung nicht kennen.

Aber diese Leute behaupten doch, daß sie Versuche mit Medien gemacht haben. Wie vereinbart sich das?
Was diese Menschen unter einem zuverlässigen Medium verstehen, ist leider ein Irrtum. Ein zuverlässiges Medium folgt ganz speziellen Gesetzen. Aber die Forscher richten sich nicht nach den Gesetzen, die das Medium beachten soll, sondern nach ihren eigenen Vorstellungen. Daher geht dann alles schief.

Welche grundsätzlichen Ansichten haben jene Wissenschaftler und Dozenten von der menschlichen Seele?
Fast alle halten sich an die materialistische Philosophie und an die Mathematik. Sie betrachten die menschliche Seele als eine kollektive Universalseele, die als ein großes Volumen im Universum vorhanden ist. Das ist der größte Irrtum, den es gibt. Gott allein ist dieses Volumen, von dem die anderen Seelen stammen.

Presse und Journalismus

Die Medien werden mitunter mit den Mitteln der Presse, des Rundfunks und des Fernsehens angegriffen. Warum eigentlich?
Die Instrumente des Geistes werden überall angegriffen, wo sie sich öffentlich zeigen, leider von den vielen Menschen, die keine Liebe im Herzen haben. Aber es ist unmöglich, diese Entwicklung zum Geistigen hin aufzuhalten, so gern der Widersacher Gottes das will. Alle Tropfen Wasser enden schließlich im großen Ozean. So ähnlich ist es auch mit den Medien, die als Instrumente Gottes tätig sind. Sie alle enden im Ozean des Geistes, den sie damit weiter füllen.

Journalisten, die über unsere Tätigkeit berichten, erwähnen zynisch, daß sich unsere Treffen in einer Mietwohnung abspielen. Was hast Du dazu zu sagen?
Wir ziehen selbstverständlich einen Familienzirkel vor, denn er strahlt Wärme und Häuslichkeit aus. Ein Familienzirkel, der ohne Geltungsbedürfnis arbeitet und nur auf die Belehrung der Menschheit ausgerichtet ist, wird von uns respektiert und geschützt. Ehrliche Freundschaft ist das Band, das uns verbindet. Die Journalisten, die das nicht begreifen, können sowieso nicht folgen, weil sie gar kein Interesse an der Wahrheit haben, sondern die Lüge und den Spott bevorzugen. Diese Menschen halten den Fortschritt auf, und kaum einer merkt das.

Kannst Du uns ein praxisbezogenes Beispiel nennen, wie die Presse den Spiritualismus herabsetzt?
Wohlan, der Mensch ist in den meisten Fällen darauf angewiesen, theoretischen Ratschlägen zu folgen. Doch erst die Praxis zeigt, wie weit die Theorie von der Praxis entfernt ist.
Auch in der Geisteswissenschaft gibt es Theorie und Praxis, ja auch im Spiritismus und im Spiritualismus. Sofern ein Mensch die Möglichkeit hat, auf die Theorie auch die Praxis folgen zu lassen, so ist er in der glücklichen Lage, seine Ansichten zu korrigieren. Aber nicht immer hat er diese Gelegenheit. Ganz selten ist diese Gelegenheit jedoch in der Jenseitsforschung, weil ihm auf diesem Sektor die notwendigen Mittler, das heißt die guten Medien, meistens fehlen.
Aber ohne geeignete Medien gibt es auf diesem Gebiet auch keine Praxis. Folglich müssen sich die meisten Menschen damit begnügen, sich mit der Theorie zufriedenzugeben. Das ist jedoch ein sehr wichtiger Grund, warum es an der notwendigen Verbreitung dieser Wahrheit fehlt. Mehr Praxis würde auch mehr Interesse nach sich ziehen.
Nun sollt ihr nicht annehmen, daß diese Mängel nur im Diesseits auftreten. Im Jenseits bestehen die gleichen Schwierigkeiten, denn auch auf dieser Seite müssen Medien die Verbindung aufnehmen. Sie sind noch seltener, als auf der materiellen Ebene. Außerdem sind die störenden Einflüsse sehr intensiv.
Wenn die Wissenschaft den Jenseitsverkehr bezweifelt,

so liegt es hauptsächlich daran, daß man viel zu wenig zuverlässige Medien zur Verfügung hat. Doch selbst ein zuverlässiges Medium kann völlig unbrauchbar sein, wenn die Bedingungen für eine gute Verständigung unerfüllt bleiben. Damit ihr mich richtig verstehen könnt, will ich ein Beispiel anführen, das sich tatsächlich in Berlin zugetragen hat.

Vor einigen Jahren erfand ein Spiritist einen psychischen Schreibapparat, der größtenteils aus Glas bestand. Er hatte Ähnlichkeit mit einer Alphabet-Planchette. Mit diesem Apparat machte der Erfinder gute Erfahrungen im Jenseitskontakt. Doch er bot diesen Apparat zum Verkauf an. Und damit beging er einen Fehler. Das Gericht schaltete sich ein und zitierte ihn wegen Betruges mit dem Aberglauben vor die Schranken einer irdischen Rechtsprechung. Der Konstrukteur sollte nun vor dem Gericht und vor den Sachverständigen des Aberglaubens beweisen, daß sein Apparat kein Betrugsmanöver sei. Es wurde also eine spirituelle Sitzung im Gerichtssaal veranstaltet. Doch leider rührte sich der Apparat nicht im geringsten. Der Erfinder wurde des Betruges für schuldig befunden und die Zeitungen lästerten und frohlockten, daß die 'Geister' den klugen Erfinder im Stich gelassen hatten.

So geht das nicht! Was glaubt ihr, was in einem Gerichtssaal für negative Schwingungen vorhanden sind. Theoretisch hätte der Apparat funtionieren müssen, denn er tat es immer bei erfüllten geistigen Bedingungen. Doch die Praxis zeigte ganz andere Resultate. Die

Bedingungen im Gerichtssaal waren für einen guten Jenseitskontakt völlig unzulänglich.
So ist es auch bei wissenschaftlichen Testversuchen, die selbstverständlich mit den besten Medien allzuoft negativ verlaufen. Doch wenn das Medium wieder in günstige Verhältnisse zurückkehrt, ist alles wieder in Ordnung. Nun macht man den Fehler, daß man behauptet, das Medium könne die Täuschung in der gewohnten und erprobten Umgebung besser ausführen, während es im wissenschaftlichen Test versagt. Das ist ein großer Irrtum, denn Schuld am Versagen sind nur die verschiedenen Voraussetzungen, nämlich der Unterschied zwischen Theorie und Praxis.

Stimmt es, daß es in Brasilien etwa 150 spiritualistische Zeitungen gibt?
Ja, das ist richtig. Die brasilianischen Spiritualisten besitzen sogar eigene Rundfunksender. Auch in anderen Ländern gibt es viele derartige Zeitungen. Die Zirkel und Gemeinschaften können nach Tausenden beziffert werden.

Besessenheit

Was ist Besessenheit und wie kommt es dazu?

Unter Besessenheit versteht man heute etwas anderes. Eine außergewöhnliche Begeisterung oder ein besonders ausgeprägter Idealismus werden heute als Besessenheit bezeichnet. Eine wirkliche Besessenheit ist jedoch die Besitzergreifung eines lebenden Menschen durch einen jenseitigen Geist. Ich erkläre es genau:

Der Mensch hat auf Erden eine Materie, das ist sein Körper - und er hat einen Geist, das ist sein Genie und seine Seele, das heißt seine Intelligenz. In dieser Zusammensetzung hat der Mensch seine Schulung bis zu einem gewissen Alter durchzumachen. Aber dann ist er plötzlich auf sich selbst angewiesen. Er muß nun von seiner Intelligenz Gebrauch machen. Im Durchschnittsalter von etwa zehn Jahren stellt es sich heraus, was eigentlich mit dem Menschen los ist. Der eigene Mensch kommt dann zum Durchbruch. Schon in diesem Alter ist der Mensch an einem Punkt angelangt, wo sich sein Lebensweg entsprechend entscheidet. Er hat das Kleinkind-Alter abgelegt und reift nun heran. Er ist bemüht, sein Wissen zu bereichern. Doch plötzlich erkennt er, daß er fähig ist, eigene Entscheidungen zu treffen und zu beurteilen, was er aus eigenem Ermessen für gut oder schlecht befindet. Ist der Mensch soweit entwickelt, kann er einer Besessenheit zum Opfer fallen. Darum sind Kinder unter zehn Jahren kaum für eine Besessenheit geeignet. Die Besessenheit kommt auf folgende Weise zustande: Der Mensch konzentriert sich zu sehr auf einen ganz bestimmten Punkt, indem er alles andere dabei als unwichtig verdrängt. Er sperrt sich gegen die Umwelt und lebt geistig nur einseitig mit dem Blick auf seinen Interessenpunkt. Er zieht damit die Besessenheit auf sich, indem er Tag und Nacht nur ein einziges Ziel im Auge hat. Das entfernt ihn vom Diesseits und läßt dafür das Jenseits in den Vordergrund treten. Dadurch werden in seiner Seele geistige Türen geöffnet, die den Jenseitigen einen Eintritt ermöglichen, indem die offene Aura durchbrochen wird. Der Besessene kommt dann von seinen einseitigen Gedanken nicht mehr los, so daß er nicht mehr fähig ist zu unterscheiden, ob er noch wach ist oder bereits schläft. Seine Handlungen führt er alle in völliger Apathie aus. Seinen eigenen Geist hat er soweit aus seinem Körper verdrängt, daß jener fremde Geist von ihm Besitz ergreift, auf den er sich konzentriert hat, das heißt den er angezogen hat. Er hat diese Intelligenz in sich aufgesogen. Das alles geschieht natürlich durch den eigenen Willen, folglich sind die Besessenen an ihrer Besessenheit immer selber schuld.

Es kommt vor, daß labile Menschen plötzlich ein Kapitalverbrechen begehen, für das es weder ein Motiv noch eine Erklärung gibt. Wir nehmen an, daß es sich um Fälle von totaler Besessenheit handeln kann. Wie kommt es eigentlich dazu?

Unter einer Besessenheit versteht man heute irrtümlich etwas anderes, nämlich eine große Begeisterung oder einen Idealismus oder auch einen Fanatismus. Eine echte Besessenheit ist jedoch die Besitzergreifung eines irdisch lebenden Menschen durch einen jenseitigen Geist. Diese Besitzergreifung geht über das Gehirn des Erdenmenschen. Der Geist findet die Möglichkeit zu einem direkten Kontakt, um die im Körper wohnende Seele zu verdrängen und sich in den Vordergrund zu setzen. Die fremde Seele kann in diesem Falle den Körper zu gewissen Handlungen zwingen.
Bei Kindern ist eine Besitzergreifung viel schwerer durchzuführen, da sie noch in einer geistigen Entwicklung stehen. Ein erwachsener Mensch, der für eine Besessenheit geeignet ist, macht folgenden Fehler: er konzentriert sich auf ein negatives Interessengebiet, zum Beispiel für die Politik. Dabei sperrt er sich gegen die Umwelt und lebt geistig sehr einseitig mit dem Blick auf seinen Interessenpunkt. Auf diese Weise zieht er dann die sogenannte Besessenheit auf sich. Es ist eine Entfernung vom Diesseits und ein zu starkes Interesse für das Jenseits. Infolgedessen kommt es leider vor, daß gerade unerfahrene Spiritisten der Besessenheit zum Opfer fallen. Das ist für die Erforschung des Spiritualismus sehr bedauerlich. Solche Fälle bringen euch alle in Mißkredit. Wenn die geistigen Türen offen sind, so kann es niederen Geistern beziehungsweise Seelen gelingen, sich der Hirnfunktion des Erdenmenschen zu bedienen. Gute Geister werden das nie tun, weil es eine

große Sünde ist, einen anderen Menschen so zu mißbrauchen. Deshalb ist auch die Suggestion bei uns verboten.

Leider gibt es viele Hellhörige, die man falsch beurteilt und in ein Irrenhaus bringt. Sind jene Menschen geistig schutzlos?
Sie setzen ihren Schutz selbst außer Kraft, weil sie ihre okkulte Verbindung selbst fördern. Diese Menschen konzentrieren sich mit allen Sinnen auf das Jenseits und warten gespannt auf jeden geringsten Laut, damit ihnen aus Neugierde ja nichts entgeht. Wenn sie aber nichts mehr hören oder wahrnehmen, so sehnen sie die jenseitigen Wahrnehmungen mit aller Kraft herbei. Wenn es aber einem Arzt gelingt, sie von diesen Jenseitsschnüfflern zu befreien, so sind sie sehr ungehalten darüber, daß es mit dem Wahrnehmen aus ist. Es gibt aber auch eigene Gedankenphantome, die man wirklich mit Schizophrenie bezeichnen kann. Doch die wenigsten Ärzte können das unterscheiden, weil sie auf dem Gebiet unwissend und ungläubig sind. Würden diese Ärzte etwas mehr Vertrauen zur jenseitigen Welt haben, so könnten sie sich bald auf bessere Aufgaben konzentrieren. Das Geistige Reich steht gerade den positiven Ärzten durch Inspiration mit allen möglichen Mitteln zur Verfügung.

Gibt es eine echte Schizophrenie oder handelt es sich immer um Hellhörigkeit bis zur Besessenheit?
Es gibt auch echte Schizophrenie, nur daß sich diese

doch etwas anders verhält als eine Hellhörigkeit. Die Gefahr für solche Menschen mit Überreichweite ihrer Sinne besteht darin, daß sie nicht unterscheiden können, ob sie es mit guten oder bösen Geistern zu tun haben. Böse Geister, die sich an einen gläubigen Menschen heranmachen, um ihn zu Fall zu bringen, reden ihm ein, daß sie Engel seien, die einen großen, heiligen Auftrag für ihn haben. Auf diesen Schwindel fallen die meisten Medien herein, besonders dann, wenn sie ein krankhaftes Geltungsbedürfnis haben. Diese Menschen möchten gern mehr als Christus sein, sie wollen die ganze Welt erlösen und wissen nicht, wie dumm sie in Wirklichkeit sind. Wenn jedoch ein Medium darunter ist, das sich weigert, einen solchen unsinnigen Auftrag auszuführen, dann kommt sofort die Drohung: 'Du widersetzt dich also Gott, der sein Vertrauen in dich gesetzt hat. Das bringt dich um dein Seelenheil'. Wenn das Medium darauf erwidert: 'Ich erkenne in der Aufgabe keinen Sinn, das kann nicht sein', so antwortet das Böse: 'Versuche nicht, Gott zu kritisieren. Er weiß allein, was getan werden muß und was richtig ist'. Auf diesen Unfug fallen leider viele herein, und dann geschehen Verbrechen schlimmster Art, die den ganzen Spiritualismus in Gefahr bringen.

In der Bibel gibt es einen Fall, wo ein Engel von Abraham verlangt hat, seinen Sohn zu opfern. Was sagst Du dazu?

Da habt ihr ein biblisches Beispiel. So etwas würde der

Schöpfer niemals tun. Abraham glaubte alles, was er geistig hörte. Leider tun das heute auch noch viele Medien.

Die Mediziner müßten doch eigentlich wissen, daß es solche Sachen gibt. Wie soll man sich dazu verhalten?
Die Mediziner wissen, daß es die Schizophrenie gibt. Aber sie tippen nicht auf Machenschaften, die aus dem Jenseits kommen, sondern sagen, daß der Patient verrückt ist und halluziniert.

Wenn der Auftrag aber wirklich aus den göttlichen Bereichen stammt, wie kann der Mensch das unterscheiden?
Natürlich ist das unglaublich schwer. Wenn der göttliche Auftrag echt ist, dann wird das Medium in eine Prüfung genommen. Erst wenn diese Prüfungen bestanden werden und feststeht, daß die Logik des Mediums nicht zu erschüttern ist, erst dann wird der Auftrag erteilt. So war es auch bei Christus.

Gibt es heute noch viele medial veranlagte Menschen, die hellhörig sind und eine Aufgabe bekommen?
Ja, es gibt eine große Anzahl. Aber viele von ihnen befinden sich in Nervenkliniken.

Es gibt viele Menschen, die von niederen Geistern besessen sind. Diese Besessenheit ist doch eine schwere 'Krankheit', die unendlich schwer heilbar ist. Kannst

du uns bitte noch mehr dazu sagen?
Eine wirkliche Besessenheit ist die Besitzergreifung eines medial oder sehr labil veranlagten Mediums durch jenseitige Geistwesen beziehungsweise durch niedere Geister, die das Medium als ihr Instrument benutzen. Der Mensch hat auf Erden einen materiellen Körper, der mit der Seele in Wechselbeziehung steht. Dieser Körper wird durch die Seele regiert. Nun kann es vorkommen, daß diese Seele zum Stillstand verdrängt wird. Dann übernimmt ein Geist die Führung und treibt mit dem Instrument einen argen Mißbrauch. Es kann sogar zu einem Mord kommen.

Kann der Mensch übersehen, daß er auf diese Art mißbraucht wird?
Ich will es erklären: jeder Mensch muß auf Erden mit seinem materiellen Körper eine Schulung durchmachen. Im Alter von ungefähr 10 Jahren ist er dann auf sich selbst angewiesen und muß seine Entscheidungen selber treffen. Ist der Mensch so weit entwickelt, kann er einer Besessenheit zum Opfer fallen. Aber eine echte Besessenheit ist immer ein Beweis dafür, daß das Medium von sich aus gern negativ reagiert. Gute Geister können ein Medium leiten und unterstützen, doch schlechte Geister wollen nur das Böse und Negative, darum klammern sie sich fest an einen negativen Menschen, der sich auf diese Weise völlig beherrschen läßt. Außerdem sind diese Menschen den bösen Geistern hörig.

Sind kranke Menschen für eine Besessenheit durch Besessenheits-Geister stärker gefährdet als gesunde?
Besessenheits-Geister nehmen nicht gerade gern einen kranken Körper in ihren Besitz. Er ist für sie nicht wertvoll genug. Aber sie nehmen dafür lieber einen schlechten Charakter beziehungsweise eine schlechte Seele, die sie ja leichter regieren und beherrschen können. Die Gedächtnisspaltung kann in kurzer Zeit behandelt werden. Das ist kein so schweres Problem wie ihr glaubt.

Karl May wurde von erdgebundenen Geistern belästigt. Wenn er Radebeul verließ, so konnten ihm diese Plagegeister nicht folgen. Doch wenn er zurückkehrte, ging die Belästigung wieder weiter. Was sagst Du dazu?
Das waren keine erdgebundenen Geister, sondern ortsgebundene Seelen. Ein Gewaltverbrecher kann im Jenseits so ortsgebunden sein, daß ihm nur ein Quadratmeter nur Verfügung steht. Das trifft auch für gewisse Selbstmörder zu. Da entscheidet das Motiv zur Tat.

Kann man eine Besessenheit loswerden, wenn der Betroffene verreist?
Ja, das ist möglich, wenn es sich um ortsgebundene Seelen handelt. Aber bei nicht ortsgebundenen Gedankenträgern hat es keinen Zweck.

Was ist der Amok, der nur erwachsene Männer in Melanesien befällt, während Latah nur Frauen angreift. Diese beiden Krankheiten sind in Sumatra wie auch in

ganz Indonesien unbekannt. Kannst du uns diese Krankheit erklären?
Der Amok ist eine spontane Besessenheit. Ein wütender Geist nimmt Besitz von einem wütenden Menschen. Durch hohe Medialität, wie sie in diesen Gegenden üblich ist, nimmt der Geist von diesem Menschen vollen Besitz und übt seine Zerstörung aus. Es sind keine Krankheiten, sondern regelrechte Besessenheiten. Diese Geister stammen aus den niedrigsten Sphären und sind in dieser Gegend zu Hause. Das Opfer kommt ihnen aber entgegen.

Gibt es dagegen einen Schutz?
Aber sicher, nämlich echten Gottglauben, Demut und einen anständigen Charakter. Wer diese Eigenschaften nicht besitzt, kann besessen werden, ohne daß er es merkt.

Es werden auch fromme Menschen besessen. Man spricht von religiösem Wahnsinn. Wie ist das möglich?
Ein frommes Getue ohne Höherentwicklung hat nichts mit echter Religion zu tun. Im Gegenteil, diese Heuchelei ist besonders negativ.

Wie kann man sich bestens vor Besessenheit schützen?
Am besten durch ein möglichst normales Verhalten, besonders im Denken. Kein Fanatismus, besonders nicht in religiösen Dingen. Keine Diskussionen mit überirdischen Stimmen. Kein frommes Getue, sondern volle

Konzentration auf das irdische Leben, für das ihr auf diese Welt gekommen seid.

Wie soll man Besessene behandeln?
Durch geschickte Aufklärung. Aber wo gibt es Ärzte oder Heiler, die imstande sind, das auszuführen? Sie sind nicht klüger als die Patienten, und es kann ihnen passieren, daß sie auch besessen werden. Die niederen Seelen warten auf solche Augenblicke, um ein neues Opfer zu finden.
Es ist sehr wichtig, daß eine Fakultät gegründet wird, auf welcher die Geistlehren und Geistpraktiken gelehrt werden, dann wird man auch nicht mehr 'Schizophrenie' dazu sagen, sondern 'Fehlkontakt'.

Warum handelt es sich um einen Fehlkontakt?
Weil eine Seele mit dem Hirn Kontakt aufgenommen hat, die nicht zum Körper gehört, sondern an dem Körper schmarotzt!

Wie ist die entsprechende Behandlung?
Zuerst muß man versuchen, auf die Person einzugehen, man darf ihr nicht widersprechen. Man muß versuchen, mit dem Patienten Kontakt zu bekommen, um dann das Positive zu fördern. Dazu muß man die Gedanken des Patienten auf das äußerste verfolgen. Das Minenspiel ist scharf zu beobachten, um zu erfahren, was sich in diesem Augenblick hinter der Stirn abspielt. Hierbei muß man versuchen, die Gedanken zu erraten beziehungs-

weise vorwegzunehmen, um diese schon vorher außer Gefecht zu setzen, noch bevor diese zu Ende gedacht wurden. Man soll also den widerrechtlich in die Aura des Patienten eingedrungenen Geist einfach nicht zu Worte kommen lassen, das heißt ihn nicht durch das Hirn des Patienten denken lassen.

Welcher Fehler wird von ärztlicher Seite gemacht?
Man schenkt diesen Fällen viel zu wenig Beachtung. Meistens werden die Patienten durch ihre Umgebung zu hoffnungslosen Fällen. Doch wenn sie isoliert werden, so sind sie unbedingt zu heilen. Sie müssen aber eine individuelle, systematische Behandlung haben. Die Ernährungsweise spielt dabei keine bedeutende Rolle.

Wie kann man einem Besessenen am Besten helfen?
Das betrifft die Psychologie. Es gehört viel Ausdauer für die Behandlung. Man muß Besessenen zeigen, daß man überlegen ist. Aber man muß ihnen auch klar machen, daß sie gesund sind! Es ist ein großer Fehler, dem Patienten zu sagen, daß sie übergeschnappt seien. Damit erreicht man genau das Gegenteil, denn der Besessenheitsgeist hört ja alles mit. Vor allen Dingen müssen die negativen Eigenschaften des Patienten bekämpft werden, weil sie den Anziehungspunkt bilden.

Könnt Ihr vom Geistigen Reich aus jene Besessenheits-Geister austreiben?
Für uns ist das sehr schwer. Wir haben andere Aufga-

ben. Meistens entsteht das Irresein durch Steigerung der Hysterie. Schreien, Weinen, Verkrampfungen, Zusammenbruch, das ist das erste Stadium, um alle Türen der persönlichen Schutz-Aura des Menschen zu öffnen, um sich dann haltlos gehen zu lassen. Das zweite Stadium zeigt sich durch Angriffe auf jeden Menschen. Unzufriedenheit und Egoismus steigern den Wahn, besonders, wenn eine Gottlosigkeit oder ein Fanatismus hinzukommt.

War das Medium des Arztes Dr. med. Carl Wickland durch die Jenseitigen nicht gefährdet?*

Die Arbeit dieses Zirkels war eine Meisterleistung. Das Medium war jedoch geschützt durch den ganzen Zirkel, der hervorragend besetzt war. Nur so konnte dem Medium nichts geschehen. Die Geistige Welt hatte eine große Organisation gebildet, um diese Arbeit in Gemeinschaft mit dem irdischen Zirkel zustande zu bringen. Es war eine beispielhafte Erlösungsarbeit. Wir raten allen Spiritualisten und sonstigen Interessenten, dieses Buch zu studieren. Wir sind der Ansicht, daß dieses Buch in alle Nervenkliniken gehört. Man sollte ein solches Vorhaben finanzieren. Es ist für uns erschütternd, täglich mit anzusehen, wie die Nervenärzte verständnislos mit ihren Patienten umgehen. Wir haben

---

**Dr. med. Wickland schrieb das Buch: 'Dreißig Jahre unter den Toten' erschienen im Otto Reichl Verlag , St. Goar erhältlich auch über den Bergkristall-Bücherdienst.*

sogar die Feststellung treffen müssen, daß gerade die Nervenkranken und Geistesgestörten, zu denen auch die Besessenen gehören, bei Ärzten und zum Teil auch beim Pflegepersonal überhaupt keine menschliche Achtung finden. Wer verrückt oder sonst geistig gestört ist, hat meistens aufgehört, ein Mensch zu sein. Er ist für die Klinik nur ein Fall.

Liegt das nicht hauptsächlich daran, daß die wirkliche Besessenheit auf den Universitäten völlig falsch beurteilt wird? Auf den Universitäten gibt es keine Besessenheit durch Geistwesen, sondern nur eine Schizophrenie.
Ja, das ist wahr. Hier muß ein neuer Geist hineingetragen werden. Hier besteht ein sehr bedauerlicher, akademischer Irrtum.

Welchen Einfluß haben elektrische Kurzwellen auf den Geistkörper eines Menschen?
Elektrische Heilstrahlen haben einen guten Einfluß. Aber Elektroschocks sind für die Seele nicht nur qualvoll, sondern schädlich!

Dr. med. Wickland trieb mit Elekro-Schocks böse Geister aus. Ist dieses Verfahren richtig?
Ob es richtig ist, vermag ich nicht zu sagen, zumindest ist es aber erfolgreich, denn jede Qual, die ein Körper erdulden muß, wird von der Seele, die Verbindung zu ihm hat, ebenfalls wahrgenommen. Schließlich rücken diese Seelen vor den Qualen aus. Der Erfolg war sicher-

lich gegeben, aber diese Schock-Therapie ist für die Materie sehr schädlich, und davon wurde nicht ein Wort berichtet.

Dann war es also gar nicht so falsch, wenn man früher die Besessenen verprügelt hatte?
Das kann ich nicht billigen, denn oft wurden diese Menschen zur Folter mißbraucht. Dann sind die Elektro-Schocks schon wirkungsvoller, besonders, weil es sich nur um Sekunden handelt, während man früher die Besessenen langsam aber sicher totgeschlagen hatte.

Wie kann man besessenen Menschen helfen? Es gibt zwar einen Exorzismus, aber die Heilung oder die Befreiung ist fraglich.
Die Befreiung von einer Besessenheit ist immer vom guten Willen und von der Logik des Patienten abhängig. In den meisten Fällen scheitern alle Experimente am Eigensinn des Befallenen. Die Besessenheit ist ein Zustand der absoluten Unterwerfung unter die Absichten eines bösen Geistes. Wenn ein Arzt sagt, daß das Medium an einer Halluzination oder an Einbildung leidet, so ist das der größte Fehler, denn das Medium weiß ganz genau, daß es regiert wird und daß es sich nicht dagegen wehren kann. Es beginnt daher, den Arzt zu hassen und wird noch widerspenstiger. Der Arzt und das Pflegepersonal müssen volles Verständnis für den Kranken aufbringen. Sie müssen vor allem wissen, daß der Patient von unsichtbaren Intelligenzen benutzt wird.

Aber leider glauben sie nicht an einen solchen 'Quatsch', und somit ist der Weg zur Heilung versperrt.

Was würdest Du empfehlen?
Ich würde mit mehreren Kranken Meditationsabende machen. Dabei würde ich sie aufklären, welcher Art von Krankheit sie ausgeliefert sind. Ihnen muß klar gemacht werden, daß sie diesen Geistern kein Vertrauen schenken dürfen. Aber man muß auch die Geister gut beeinflussen und ihnen etwas Menschenliebe entgegenbringen, so wie es Dr. Wickland in Amerika mit Erfolg gemacht hat. Wie bereits erwähnt richten diese Kranken ihren Blick einseitig auf ein ganz bestimmtes Ziel, das ihnen sehr erstrebenswert erscheint. Dadurch unterstützen sie die Besessenheit. Ein solches Ziel steht den Kranken Tag und Nacht vor Augen. Aus diesem Grund wird die Besessenheit falsch beurteilt, weil man annimmt, daß das falsche Ziel die Besessenheit ausmacht.

Spukphänomene

Hin und wieder hört man von sogenannten 'Poltergeistern', an deren Existenz die Wissenschaftler nicht recht glauben wollen. Was ist das für ein Phänomen?
Das Geistige Reich ist bemüht, jede Möglichkeit auszunutzen, um sich bemerkbar zu machen. Das Geistige Reich will euch überzeugen, daß das menschliche Leben mit der Entkörperung noch nicht zu Ende ist, sondern daß mit dem sogenannten Tode ein sehr wichtiger Lebensabschnitt wieder beginnt. Sonderbarerweise werden Botschaften aus unserem Reich nur sehr wenig beachtet. Darum müssen auch Sensationen inszeniert werden. Da hierzu aber niedere Geister eine stärkere physikalische Kraft besitzen, sind jene die Akteure solcher Phänomene. Sie haben selbstverständlich ihren Spaß daran, wenn sie sehen, wie ihr darauf reagiert. Aber es sind ihnen auch Grenzen gesetzt. Wenn irgendwo auf rätselhafte Weise ein größerer Schaden entsteht oder grober Unfug getrieben wird, so gibt es ein großes Aufsehen. Doch wenn ein anderes, wertvolles Phänomen wie zum Beispiel eine Offenbarung geschieht, ist man völlig uninteressiert. Darum dulden die höheren Geister den Spuk, damit die Aufmerksamkeit auf das Übersinnliche gelenkt wird.

In der Schweiz spukte es im Frühjahr 1967 ganz erheblich. Nachdem man festgestellt hatte, daß es dort wirk-

lich nicht mit rechten Dingen zuging, schrieben die Zeitungen darüber. Welche Wirkung wird damit erzielt?
Noch vor einigen Jahren (also vor 1968) konnten die besten Phänomene dieser Art passieren. Man war aber nicht geneigt, sie als übersinnlich zu erklären. Man machte es sich sehr einfach und sagte, es sei nur Betrug. Heute hat man gute technische Mittel zur Hand, um der Sache besser auf den Grund zu gehen. Tonbandgeräte und Transistor-Mikrophone zeichnen den Spuk genau auf. Man kann also nicht mehr den Betrug vorschieben. Aber nun verfällt man auf eine andere Ausrede. Man verdächtigt das Unterbewußtsein jener Medien, die in der Pubertät sind. Das Medium soll von der Zauberkraft des Unterbewußtseins keine Ahnung haben. Junge Menschen neigen aber gerne zum Unfug. Nur so könne es sein. Das ist die dümmste Definition, mit der wir je konfrontiert worden sind. Das Unterbewußtsein eines lebenden Menschen hat überhaupt nichts damit zu tun, sondern nur die mediale Kraft eines Erdenmenschen. Es stimmt aber, daß sie bei manchen Jugendlichen besonders stark ist, vorwiegend bei der Geschlechtsreife.
Die Universitätswissenschaft will kein Prestige-Verlust hinnehmen, daß sich das Schulwissen bisher so gewaltig geirrt hat. Dennoch wird der Zeitpunkt kommen, wo man die Wahrheit zugeben muß. In ähnlicher Weise verhält es sich mit dem Phänomen der Ufos. Auch diese Tatsache möchte man nicht zugeben, obgleich diese Phänomene von Hunderttausenden von Menschen in aller Welt beobachtet werden konnten.

Wenn es irgendwo spukt oder wenn Geister gesehen werden, handelt es sich wirklich um den Geist eines Verstorbenen oder nur um seine Gedanken und Schwingungen?
Wenn der Mensch eine Stimme hört, die ihn telepathisch erreicht, so handelt es sich meistens um die Schwingungen einer jenseitigen Seele. Aber es können auch manchmal die Schwingungen eines lebenden Mitmenschen sein. Wenn irgendwo Geister oder ein ähnlicher Spuk gesehen wird - es können auch Tiere sein - so handelt es sich immer um das tatsächliche Vorhandensein des Astralwesens. Das Zustandekommen der Wahrnehmungen kann sehr verschiedene Ursachen haben, die zu einer Erweiterung der Sinneswahrnehmungen führen.

Sind besondere Geistwesen für Spukfälle geeignet?
Ja. Sehr starke Kraft besitzen erst vor kurzer Zeit Verstorbene. Diese Kraft hält mehrere Stunden an. Aber grobstoffliche Naturen sind den feinstofflicheren Seelen in dieser Hinsicht überlegen. Daher könnt ihr keine Intelligenz erwarten, wenn es sich um groben Spuk handelt.

Wie ist das Phänomen der Telekinese zu erklären, das heißt die Fortbewegung von unberührten Gegenständen?
Jenseitige Intelligenzen verbinden sich mit einem irdischen Medium und erzeugen eine Kraft, die ihr Od

nennt. Mit dieser Kraft wird gearbeitet.

Bei Spukfällen werden oft schwere Gegenstände bewegt. Es gibt Fälle, wo die Schwerkraft direkt aufgehoben wird. Meistens wirkt jedoch ein Medium mit. Wie kommen solche Fälle zustande?
Das ist sehr schwer zu beschreiben. Wir sind in diesem Punkte auch noch nicht völlig wissend. Jedenfalls gibt das Medium eine unsichtbare Kraft ab, die wir manipulieren. Es entsteht ein Kraftgemisch, das sicher sehr viel Od enthält. Wir müssen solche Fälle, wenn es geht, überwachen, weil sonst größerer Schaden entstehen kann. Es könnte zum Beispiel Feuer entstehen.

Die Parapsychologie beschäftigt sich sehr mit kinetischen Problemen und Phänomenen. Man ist jetzt davon überzeugt, daß der Mensch aus dem Geist heraus Kraftfelder aufbauen kann, die materielle Gegenstände, auch auf Entfernungen hin, bewegen können.
Es stimmt, daß Kraftfelder aufgebaut werden. Aber niemals kann das der Erdenmensch allein. In allen diesen Fällen handelt es sich um eine Co-Produktion zwischen Jenseitigen und Diesseitigen. Die Jenseitigen verbinden einen Astralstoff aus dem Od des Mediums. Der so entstandene Stoff kann manipuliert werden. Der Jenseitige steuert den Stoff. Das Medium ist nur Lieferant einer Substanz, hat aber keinen Einfluß auf das Geschehen.

Einige Wissenschaftler lehnen die Mitwirkung von jen-

seitigen Gedankenträgern ab. Was ist dazu zu sagen?
Man kann sich nur schwer vom materiellen Denken lösen. Die Grenzwissenschaften sind erst am Anfang. Es werden falsche Schlußfolgerungen gemacht. Man gibt zum Beispiel zu, daß die Kräfte unbewußt tätig werden. Aber unbewußt bleibt ungelenkt. Hinter jedem Spuk stehen jenseitige Intelligenzen, die eine gute oder böse Absicht verfolgen und den Spuk lenken. Man macht also den Fehler, daß man einen echten Kontakt mit den Jenseitigen versäumt. Auf diese Weise würde man nämlich Auskunft erhalten.
Aber die Wissenschaft möchte es gar nicht soweit kommen lassen. Eine erschöpfende Auskunft über den Spuk würde sie nur in Verlegenheit bringen. Man sucht daher krampfhaft nach Erklärungen, die nichts mit einem Geistigen Reich zu tun haben. Trotzdem ist es ein erster Schritt zum Fortschritt, wenn man den Spuk wissenschaftlich anerkennt.

Eine große Tageszeitung bringt zur Zeit eine Artikelserie über berühmte Spukerscheinungen. Es handelt sich dabei hauptsächlich um die Bewegung von Gegenständen, die nicht berührt worden sind.
Es ist schon ein großer Schritt, wenn man zur wissenschaftlichen Feststellung gekommen ist, daß es echte Spukfälle ohne Betrug gibt. Doch die Erklärung hierfür reicht leider nicht aus. Zwar hat man recht, wenn man annimmt, daß diese Kräfte in einem Medium vorhanden sind. Aber das Geistige Reich benutzt diese Kräfte, um

sich bemerkbar zu machen. Es ist eine ungeheure Organisation und Anstrengung notwendig, einen Spuk zu inszenieren.

Es kommen besondere Spukfälle vor, die allgemeines Aufsehen erregen. Als Medium dient dazu meistens ein junger Mensch, besonders in der Pubertät. Aber diese Spukfälle richten viel Schaden und Unsinn an. Leider will die Wissenschaft diese Phänomene nur dem Medium zuschieben. Wie kann sich eine so geplagte Familie vor diesem Spuk schützen?

Da hilft allein der Glaube an die Existenz jenseitiger Wesen. Man darf die Spukgeister weder verfolgen noch beleidigen, denn dann fordert man ihre Boshaftigkeit heraus. Sie wollen beweisen, daß sie da sind, dabei ist ihnen jedes Mittel recht. Doch wenn sie dieses Ziel erreicht haben, lassen sie vom Spuk ab, der ja bedeutende Anstrengungen erfordert. Wenn aber die Familie, Reporter und Wissenschaftler diese Phänomene anders auslegen, dann verschlimmern sie nur den Zustand. Jedenfalls handelt es sich oft um den geistigen Anhang, der genau der geistigen Einstellung der heimgesuchten Familie entspricht. Es kommt immer darauf an, was man denkt, nicht darum, was man ausspricht. Die Telepathie vom Menschen zum Jenseitigen ist sehr stark.

Stimmt es, daß die Pubertät dabei eine gewisse Rolle spielt?

Nicht unbedingt. Aber bei Jugendlichen ist die Lebenskraft oder besser ausgedrückt die Sexualkraft noch wenig verbraucht. Die Odausstrahlung ist daher bedeutender.

Können jenseitige Menschen ohne die Mitwirkung eines Mediums auf die Materie einwirken?
Ja, und es kommt sogar häufig vor. Es hat aber immer einen besonderen Grund. Wir bedienen uns dieser Möglichkeiten nicht. Aber es können von niedriger Seite aus spiritistische Phänomene ausgelöst werden, ohne das ein Medium vorhanden ist. Wenn aber ein Medium da ist, so geht das noch leichter vonstatten. Junge Leute, die noch in der Pubertät sind, eignen sich besonders gut für negative Spukphänomene.

Warum sind am negativen Spuk besonders Kinder als Medien oder jenseitige Kinder beteiligt?
Zwischen Kindern der jenseitigen Seelen und den noch im Fleische lebenden hauptsächlich im Pubertätsalter besteht ein großer Faktor hinsichtlich der paranormalen Phänomene. Es sind die inneren Spannungen. Die Psyche ist labil.
Das Physikalische will sich Luft machen, und diese Spannung in Verbindung mit einer innerlichen Zerrissenheit begünstigt den Spuk. Es bestehen zwischen den Seelen verstorbener Kinder und den noch im Fleische befindlichen Kindern, die im Pubertätsalter sind, gewisse Wechselbeziehungen. Eine psychische Labilität kann paranormale Spukphänomene hervorrufen, weil

das Psychische danach drängt, die Kräfte austoben zu lassen.

Es gibt Orte, wo es besonders spukt. Gibt es für solche Seelen, die man Gespenster nennt, keine Erlösung?
Jede Seele hat die Möglichkeit der Erlösung. Es ist nur die Frage der Zeit, denn Gott ist nicht nachtragend oder rachsüchtig. Doch jede Erlösung hängt vom eigenen Willen ab. Eine Seele kann nicht erlöst werden, wenn sie nicht will. Jeder Mensch, das heißt jede Seele, muß an ihrer geistigen Entwicklung selbst arbeiten, im Jenseits und ebenso im Diesseits. Die Erlösung soll ja bereits auf Erden ihren Anfang haben. Doch jene Spukgeister wollen nicht an sich arbeiten, sondern haben ihren Spaß daran, wenn sie ihre Mitmenschen erschrekken können. Darum erscheinen sie in weißen Laken und mit häßlichen Fratzen. Sie wissen sehr gut, daß eine solche Aufmachung ihre Wirkung nicht verfehlt.

Verschiedenes

Wir, die wir seit Jahrzehnten mit Euch zusammen arbeiten und viel von Euch gelernt haben, fühlen uns nicht mehr verstanden. Wir können die Welt, in der wir leben, kaum noch begreifen. Was sagst Du dazu?
Ich wärme mich immer an der Liebe derer, die mir nahe sind. Liebe ist Atmosphäre, die ich einsaugen kann. Liebe ist der große Trost für die Freuden, die ich vermisse. Wenn ihr die Schönheit, die in den übernatürlichen Sphären vorhanden ist, erschaut hättet, würdet ihr euch über die alte, graue Welt, die mit Groll, Haß, Bitterkeit und Feindseligkeiten angefüllt ist, nicht mehr freuen können. Aber eure Welt hat noch viel Schönheiten aufzuweisen, und das Bewußtsein, anderen Menschen etwas helfen zu können, muß euch doch ein Gefühl der Zufriedenheit geben. Darum laßt den Kopf nicht hängen. Laßt uns weiter an dieser heiligen Sache arbeiten. Viele Menschen brauchen den Rat als Hilfe. Die objektive Wahrheit kann nicht mit Geld verglichen werden, sie ist eigentlich unbezahlbar. Der Beistand der Geistigen Welt ist eine ungeheure Kraftquelle. Die vielen Dankschreiben, die man euch schickt, beweisen es. Ihr helft mehr, als ihr ahnt. Laßt uns weiter zusammen arbeiten, damit der große Durchbruch kommt. Er muß kommen!

Die Bezeichnung 'übersinnlich' ist in Verruf gekommen. Hat diese Bezeichnung überhaupt noch eine Berechtigung?
Wenn eine Jenseitsverbindung übernatürlich ist, dann stimmt etwas nicht. Eine echte Jenseitsverbindung ist im Plane Gottes vorgesehen und darf daher nicht übernatürlich sein. Sie muß alle Zeichen normaler, logischer Intelligenz aufweisen und auf absoluter gegenseitiger Achtung, Freundschaft und Liebe beruhen. Die Bezeichnung 'übersinnlich' ist daher falsch gewählt. Ein 'übersinnlicher' Mensch ist nicht übersinnlich, sondern geistig stärker verbunden. Die richtige Bezeichnung wäre also 'geistverbunden'.

Viele sind der Meinung, daß ein Jenseitiger sofort bestraft wird, wenn er böse ist oder lügt. Stimmt das?
Das ist ein Irrtum. In den erdgebundenen Sphären - und das sind eure Sphären - kann jeder tun und lassen, was er will. Aber vorwärts kommt er dabei nicht. Eine Bestrafung, wie ihr sie kennt, gibt es im Jenseits nicht. Aber die Seele gerät in Zustände und Sphären, die zur Qual werden. Freiheitsentzug gibt es allerdings auch.

Ist es richtig, daß das Blut eine Od-Ausstrahlung besitzt, die einen Jenseitskontakt fördert?
Ja, daher bediente man sich früher der Blutopfer. Die Od-Ausstrahlung hält nur so lange an, wie das Blut noch warm ist. In dem großen Schlachten der letzten Kriege gab es gewaltige Od-Ausstrahlungen, die zu vie-

len Materialisationen und anderen okkultischen Phänomenen führten.

Sind Geistermaterialisationen so fest, daß sie einen Schatten werfen können?
Das ist kaum möglich. Im Krieg gab es eine Ausnahme; denn da gab es Hunderte von solchen Materialisationen. Diese Kraft war da, weil es einen Befehl dazu von Oben gab. Sie waren zur Rettung eingesetzt.

Es gibt doch Medien, die auch spirituell pendeln. Was haltet ihr von diesen?
Diese Methode ist sehr unzuverlässig, da das Unterbewußtsein des Pendlers in den meisten Fällen das Pendel steuert. Er muß sowieso jeden Buchstaben verfolgen. Dadurch schaltet er sich automatisch mit ein. Nur in wenigen Fällen glückt ein einwandfreier Kontakt mit den Jenseitigen.

Wie kommt das geistige Pendeln zustande?
Wenn es sich um ein spirituelles Pendeln handelt, so wird das Pendel von einem Jenseitigen benutzt, der es mit Hilfe des Mediums in die entsprechenden Schwingungen versetzt. Doch das Pendel ist von jedem Jenseitigen leicht zu benutzen, daher muß die größte Kritik und Aufmerksamkeit dabei in Betracht kommen. Durch die scharfe Konzentration auf das Pendel kann sehr leicht Hellhörigkeit entstehen, die dann in eine Besessenheit übergehen kann.

Sind bei der Anwendung des Siderischen Pendels immer jenseitige Kräfte wirksam?
Ja, es sind immer jenseitige Kräfte, die sofort die Situation ausnutzen. Es ist ganz egal, nach welcher Richtung das Pendel ausschlägt. Das Pendel ist völlig unsicher. Die guten Ergebnisse stammen immer von der Mitwirkung jenseitiger Intelligenzen. Es sind nicht die Erdstrahlen, die direkt auf das Pendel einwirken. Die Ergebnisse werden jenseitig übermittelt. Der Begleitgeist bewegt die Rute oder das Pendel. Ein Geist kann sehr gut feststellen, ob in der Erde Wasser oder ein Mineral oder dergleichen vorkommt. Er kann die Meldung seiner Feststellung an ein Medium weiterleiten.

War das Orakel von Delphi ein spirituelles Phänomen?
Ja, der Tempel von Delphi war so gebaut, daß eine akustische Verstärkung vorhanden war. Mediale Kräfte ermöglichten einen Kontakt zur Geistigen Welt. Die Antworten erfolgten aus der Geistigen Welt mittels der sogenannten 'Direkten Stimme', die verstärkt wurde.

Heute können wir den Ton elektrisch verstärken. Wäre es möglich, auf diese Weise eine materialisierte Jenseitsstimme zu verstärken?
Ja, das ist möglich. Allerdings muß auch in einem solchen Falle die entsprechende Mitwirkung der Medialkräfte gesichert sein. Während einer guten Sitzung in Dunkelheit oder bei Infrarot kann mit einem Erfolg gerechnet werden. Die Geistige Welt braucht immer einen

Stoff, der einen Übergang zur Materie bildet. Dieser Stoff kann hauptsächlich aus einem lebenden Menschen bezogen werden. Aber auch Pflanzenausstrahlungen sind förderlich, aber niemals allein ausreichend. Die Aussprache mit den Intelligenzen der Geistigen Welt wird heute durch das Medialschreiben erleichtert.

Haben menschliche Gedanken eine begrenzte Reichweite?
Jeder Gedanke geht über die Kontrollstation des persönlichen Schutzpatrons. Nur ein echtes, positives Gebet wird im Kosmos weitergeleitet. Diese weitergeleiteten Gebete werden erhört und bestimmt beantwortet. Was aber unwichtig ist, geht sofort in einem Nichts unter, und so entstehen auch meistens die sogenannten Gedächtnislücken. Zirkelleiter, Teilnehmer und Medien stellen oft an das Geistige Reich Fragen, deren Beantwortung verboten ist. Das bringt uns dann in unangenehme Situationen.

Könnt Ihr in die Zukunft sehen?
Nur wenige Lichtboten können das, mehr oder weniger. Jedoch darf nicht über alles berichtet werden, denn manches muß der Menschheit auf Erden noch verborgen bleiben.

Ein Engel des Herrn soll seinerzeit Christus angekündigt haben. Also muß dieser Engel zu den Menschen gesprochen haben. Stimmt das?

Nein, auch das ist nicht der Fall gewesen. Ein Bote Gottes muß nicht gleich ein Engel sein. Die Engel haben ganz andere Aufgaben. Die kümmern sich nicht um die Religion, auch nicht um eure Belehrung. Ich sage nur, daß ihr zufrieden sein solltet, wenn überhaupt ein jenseitiger Lehrer zu euch kommt und zu euch spricht, ganz gleich, auf welche spirituelle Weise. Der Name ist völlig unwichtig. Ebenso unwichtig ist, ob ein Santiner Asthar Sheran heißt oder Othar Shiin. Entscheidend ist nur, ob der Santiner eine wichtige und lehrreiche Botschaft für euch hat. Der Name ist nur wichtig für das Medium oder für die Zirkelteilnehmer, damit sie wissen, mit welchem Geist sie sprechen.

Fragen an ein Medium

Eines der beiden Medien des Medialen Friedenskreises (Jahrgang 1936) war schon während des Krieges hochmedial. Bereits im Alter von acht Jahren ging sie nachts während des Fliegeralarms mit geschlossenen Augen in einem Trance-Zustand zum Luftschutzbunker, der etwa einen Kilometer von der Wohnung entfernt war. Ohne Zweifel wurde sie von ihrem Schutzpatron geführt, denn sie brauchte nicht an der Hand geführt zu werden. Sie ging auch völlig sicher die Treppen auf und ab. Mit 15 Jahren probierte sie die 'Automatische Schreibverbindung' mit den Jenseitigen. Es klappte nach wenigen Übungen.
Wir lassen sie selbst einmal zu Worte kommen (1961):

Wieso interessierte Sie die Jenseits-Forschung?
Ich habe an einigen Sitzungen teilgenommen, die mit meinem Bruder als Medium durchgeführt wurden. Sie überzeugten mich und ich wollte einmal sehen, ob ich das auch könnte.

Haben Sie keine Schwierigkeiten mit der automatischen Medialschrift gehabt?
Oh doch! Das Schreiben selbst bereitete mir keine Schwierigkeiten, da die fremde Kraft, welche meine Hand führte, deutlich spürbar war. Aber ich schrieb schreckliche Drohungen auf, die gegen mich selbst

gerichtet waren. Man drohte mir sogar mit dem Tode. Ich glaubte damals daran und hatte schreckliche Angst, daß mir diese unsichtbaren Gespenster etwas tun könnten. Ich fürchtete mich im Dunkeln.

Wann haben Sie die Angst überwunden?
Das geschah erst, nachdem ich keine Wünsche mehr hatte. Ich stellte selbst keine einzige Frage mehr und hatte Freude daran, anderen Menschen zum Trost und zur Belehrung als Werkzeug zu dienen. Da wurde auf einmal alles schön und harmonisch.

Sie schreiben etwa zwei Stunden lang in einem äußerst schnellen Tempo, ohne den Arm oder die Hand zu stützen. Spüren Sie keinerlei Ermüdung dabei?
Nein, durchaus nicht. Meine Hand oder der Arm haben selbstverständlich die natürliche Schwere, wenn ich den Stift zum Schreiben ansetze. Aber dann wird diese Schwerkraft plötzlich aufgehoben und ich lasse alles so, wie es gerade kommt. Die Hand bewegt sich ganz selbständig, ohne meinen Willen. Ich achte nur darauf, daß die verschnörkelten Zeilen, die ohne Worttrennung sind, nicht ineinanderlaufen zu lassen, sondern einen Abstand zu behalten. Zum Entziffern der geschriebenen Botschaften gehört eine sehr große Erfahrung. Man muß jedes Zeichen und jede Kürzung des jenseitigen Handführers genau kennen. Während der Niederschrift verfolge ich niemals, was den Inhalt betrifft.

Haben Sie außer der Tätigkeit als Medium noch einen anderen Beruf?
Ich habe einen sehr verantwortungsvollen Posten im öffentlichen Dienst, der eine besondere Höflichkeit und eine große Konzentration von mir verlangt. Ich diene als Werkzeug der Lichtboten nur einmal in der Woche.

Welchen Vorteil haben Sie von der medialen Arbeit?
Ich werde dafür nicht bezahlt. Aber die Freude an dieser Verbindung erfüllt mich ganz. Außerdem bringen die Gäste sehr schöne Blumen. Es ist sehr feierlich, und ich möchte diese Stunden nicht mehr missen.

Haben Sie das Gefühl, daß während der Sitzung Ihr Bewußtsein nachläßt?
Nein, nicht im geringsten. Ich bin völlig wach, denn ich muß ja das Geschriebene sofort entziffern und vorlesen. Jedes Wort wird sofort auf ein Tonband aufgenommen.

Müssen Sie sich auf die Sitzungen vorbereiten?
Ja. Es ist äußerste Sauberkeit notwendig. Ich bade vorher und ziehe reine Wäsche an. Auch ist es nicht gut, jemandem kurz vor der Sitzung die Hand zu geben.

Können beim Schreiben Störungen auftreten, die alles erschweren oder beenden?
Ja, das ist möglich, zum Beispiel, wenn keine Harmonie unter den Teilnehmern vorhanden ist. Ein disharmonischer Teilnehmer oder ein hartnäckiger Skeptiker

genügt, um die Schrift zu erschweren. Sie wird dann zunehmend unleserlicher und die Kraft läßt nach.

Haben Sie geisteswissenschaftliche Literatur gelesen oder studiert?
Überhaupt nicht ein einziges Heft. Ich lese nichts darüber und unterhalte mich auch kaum über dieses Thema. Ich könnte mit meinen Erklärungen auch niemanden überzeugen, denn in dieser Hinsicht habe ich keine Begabung. Doch mein geistiger Führer kann es gut.

So unerfahren können Sie doch auf Grund dieser Tätigkeit nicht sein?
Doch! Ich habe kein einziges Heft des 'Mene-Tekel' oder eine Broschüre gelesen. Ich kenne mich in der Bibel nicht aus und habe nur wenig Ahnung von Naturwissenschaften. Was im Zirkel durchkommt, vergesse ich über Nacht. Ein Geistwesen sagte einmal, daß mir aus Sicherheitsgründen alle Erinnerungen daran ausgelöscht werden.

Können Sie uns sagen, woran Sie erkennen, daß Ihre Schrift eine absolut jenseitige ist?
Ja, wenn plötzlich die Schwere meiner Hand aufgehoben wird. Ich spüre deutlich die fremde Kraft in meiner Hand, denn sie wird ohne meinen Willen bewegt. Nur der Arm wird etwas aus eigenem Willen bewegt, damit die Zeilen besser entstehen können. Ich habe jedoch nicht die geringste Neigung, in eine religiöse Schwär-

merei zu verfallen. Für mich ist das etwas ganz normales. Es ist in keiner Weise mein Verdienst, sondern nur Gottes Wille. Ich lebe normal weiter wie bisher. Schließlich muß ich ja auch an meinen Beruf denken, denn ich gehe in die Beamtenlaufbahn, und heiraten möchte ich auch gern einmal.

Haben Sie sonst noch andere okkulte Erscheinungen oder Fähigkeiten?
Nein, nicht, daß ich wüßte. Ich habe nur festgestellt, daß man mir von negativer Seite aus stets gern einen Schaden zufügt. Ich bin der Meinung, daß ich ein spezielles Angriffsobjekt für unentwickelte Menschen bin. Man hat auch schon viel Lügen über mich verbreitet. Ich tue meine Pflicht, bin aber gegen jede Publikation über meine Person (Es hat viel Überredungskunst gekostet, diese Zeilen zu veröffentlichen; Anm. des Medialen Friedenskreises Berlin).

Würden Sie gern einmal in der großen Öffentlichkeit Ihre Kunst zeigen wollen?
Nein! Ich bin nur ein Werkzeug in unserem Kreis - und ich tue in der Beziehung nur alles mit Erlaubnis des jenseitigen Führers. In Hannover wurde einmal eine Ausnahme zugelassen. Aber ich bin enttäuscht worden - nicht von den Jenseitigen, sondern von einigen Freunden. Ich glaube jedoch, die allerbeste Religion ist die Höflichkeit und ein gewisser Anstand.

Über den BERGKRISTALL Verlag erhalten Sie auch:

Friede über alle Grenzen!

'Nicht von dieser Erde' und weitere 13 Broschüren

Die Original-Durchgaben aus den Jahren von 1956-1975
Übermittelt von Ashtar Sheran im Medialen Friedenskreis Berlin

Textauszug:

„Die Unwissenheit aller verantwortlichen Menschen auf dieser Terra ist für unsere Begriffe unfaßbar. Wir stehen vor einem unbegreiflichen Phänomen einer einzigartigen Geistlosigkeit. Eure Wissenschaft versteht unter dem Leben den beweglichen Zustand eines Körpers. Da es aber die Bewegung der Atome gibt, so seid ihr heute der Auffassung, daß das organische Leben ein Zustand ist, der mit dem Stoffwechsel zusammenfällt. Euer Irrtum lautet: Das Leben ist mit dem Stoffwechsel untrennbar verbunden. Wenn der Stoffwechsel aufhört, hört auch das Leben auf.

Statt einer einzigen wahren Religionsgemeinschaft gibt es auf eurer Erde mehr als zweihundert. Jede davon ist fanatisch gegen die andere und glaubt, der Wahrheit letzte Schlußfolgerung zu besitzen. Doch der Weisheit allerletzte Schlußfolgerung ist: Ihr habt von Gott und seiner Schöpfung überhaupt keine rechte Ahnung. Was euch an Wahrheit aus außerirdischer Quelle gegeben worden ist, wurde größtenteils vernichtet. Was davon übriggebliebe ben ist, wurde gefälscht oder arg entstellt. Kein Volk der Terra soll sich einbilden, besser zu sein als das andere. Gut und Böse sind auf alle Völker, auf alle Staaten verteilt. Keine Rasse hat Anspruch auf besondere Anerkennung. Ihr alle seid noch in der Entwicklung, und ihr befindet euch in einer gefährlichen Entwicklungskrise, die euch deutlich vor Augen führen müßte, wie wenig euer Leben wert ist, wenn ihr nicht einmal wißt, was das Leben wirklich bedeutet."

14 Broschüren, ca. 500 Seiten
DM 39,80 ab 1.1.2002 € 22,90 ISBN 3-935422-00-8

Über den BERGKRISTALL Verlag erhalten Sie auch die Bücher von Hermann Ilg:

Aus dem Wissen eines neuen Zeitalters

Neben einer interssanten Beschreibung unseres Planetensystems gibt es Antworten der Geistigen Welt zum Seti-Programm, zur Offenbarung des Johannes, zur Dematerialisation und vielen anderen brennenden Themen.
ISBN 3-935422-52-0
108 Seiten, DM 19,80
ab 1.1.2002 € 10,90

Am Ende der Zeit

Eine Schilderung irdischer Katastrophen wie Abholzung der Regenwälder und Zerstörung der Ozonschicht mit dazugehörigen Erklärungen der Geistigen Welt und der Santiner.
ISBN 3-935422-53-9
52 Seiten, DM 9,80
ab 1.1.2002 € 4,90

Leben in universeller Schau

Wie leben die Santiner? Wie sieh es aus auf ihrem Heimatplaneten Metharia Wie siehr eine Raumstation von innen aus? Auf diese und viele andere Fragen gibt dieses Buch ausreichend Informationen und zeigt uns Erdenmenschen unsere Primitivität.
ISBN 3-935422-51-2
128 Seiten, DM 19,80
ab 1.1.2002 € 10,90

Kümmert sich eine ausserirdische Menschheit um uns?

Diese Broschüre entstand aus einem Vortrag, der 1968 zum ersten mal gehalten wurde, und hat bis jetzt an Aktualität nichts verloren - im Gegenteil!
ISBN 3-935422-50-4
48 Seiten, DM 9,80
ab 1.1.2002 € 4,90

Bewußtsein und Weltbild

Eine kritische Betrachtung an der Schwelle zum Weltraumabenteuer der Menschheit
ISBN 3-935422-56-3
24 Seiten, DM 6,80
ab 1.1.2002 € 3,90

Die Gedankenbrücke

Interessante und ergreifende Berichte zweier Freunde des Verfassers aus dem Jenseits.
ISBN 3-935422-54-7
92 Seiten, DM 17,80
ab 1.1.2002 € 9,90

Strömende Stille

Wunderschöne Gedichte über Gott und seine Schöpfung
ISBN 3-935422-55-5
76 Seiten, DM 14,80
ab 1.1.2002 € 7,90

ET in ancient Egypt

Englische Ausgabe des Buches „Die Bauten der Außerirdischen in Ägypten".
Aus welcher Zeit stammen die Pyramiden ? Und wer baute sie wirklich?
ISBN 3-935422-57-1
124 Seiten, DM 27,80
Ab 1.1.2001 € 14,90

Bald eine Neuauflage folgender Bücher:

In Kosmischen Bahnen denken
Wenn die Not am Größten
Die Bauten der Außerirdischen in Ägypten

Band 1: Jesus Christus

War Jesus Christus die Inkarnation Gottes?
Was hat er bis zu seinem 28. Lebensjahr gemacht?
Ist er für die Menschheit gestorben und hat all unsere Sünden auf sich genommen?

In diesem Buch erfahren Sie Wahrheiten über die eigentliche Mission der größten Seele, die je auf diesem Planeten gelebt hat.

Buchauszug:
Wie beurteilst du Jesus Christus aus deiner Perspektive?
Christus ist der letzte der Propheten oder Lehrer, die in eure Welt kamen. In ihm hat sich die Fülle der Macht des Geistes in einer Form manifestiert, wie es nie zuvor und nicht mehr danach geschah. Weder seine Geburt noch sein Tod ist mit einem Geheimnis verbunden. Er war ein Mensch wie jeder andere. Er kam auf eure Erde und verließ diese wieder in Übereinstimmung mit den natürlichen Gesetzen des Großen Geistes. Weder vor seiner Zeit noch nach dieser wurde ein derartig hohes Maß an Inspiration in eurer Welt empfangen. Er kam, um eine Aufgabe zu erfüllen, um gewisse fundamentale Wahrheiten zu lehren, die verfälscht, vernachlässigt und unter dem Schutt von Glaubenssätzen, Ritualen, Zeremonien, Mythen und Fabeln begraben waren.

Band 2: Das Sterben

Was geschieht im Augenblick des Todes?
Was geschieht mit den Seelen nach Unfällen, Explosionen oder Selbstmord?
Wie wirkt sich die Trauer der Hinterbliebenen auf das Befinden der 'Verstorbenen' aus?
Auf Fragen wie diese erhält der Leser leicht verständliche Antworten. Der Tod stellt hier keine Bedrohung oder gar Bestrafung dar, sondern eine Geburt in eine feinstofflichere Welt.

Buchauszug:
Was ist grundsätzlich über den Tod zu sagen?
Legt alle Ungewissheit beiseite, denn der Tod ist nur eine Änderung eures Zustandes. Aber er läßt euch alles, was ihr geistig erworben habt, was geistig existiert, das heißt alle Erfahrungen, Erinnerungen, alle Sinneswahrnehmungen, euer Denkvermögen, eure Sprache, eure Individualität. Nur euer Körper verliert alle Schwere und alle materiellen Nachteile. Im übrigen bleibt euch auch euer Körper, aber er ist dann nur ein anderer Stoff, den ihr zwar schon immer hattet. Im anderen Dasein gibt es andere Gesetze, und diesen müßt ihr euch fügen. Es gibt keine Ausnahme. Die Macht des Großen Planders ist im Reiche des totalen Geistes unvorstellbar größer als im Reich der Materie, des erstarrten Lichtes. Darum lebt auf, aber tut es richtig!

Band 3: Die Stimme Gottes

Hier teilt uns ein hohes Geistwesen stellvertretend für die göttliche Sphäre mit, wie die Zu- und Umstände hier auf unserem Planeten von der höchsten Warte aus beurteilt werden.
Die Politik, die Kirche und die Gesellschaft werden in einer für jeden verständlichen Art unter die Lupe genommen und die Probleme beim Namen genannt. Auch Lösungsvorschläge fehlen in diesem Buch nicht.

Buchauszug:
Wann endlich wird sich meine Kirche zu den Tatsachen bekennen, die ich euch täglich sichtbar vor Augen führe? Ich schicke euch meine Engel und ihr verleugnet sie. Ich sandte euch meinen Sohn und ihr habt ihn getötet. Ich gab euch klare Lehren, doch ihr habt sie geändert. Ich gab euch die Gewißheit vom ewigen Leben, doch ihr wollt sie gar nicht und sucht den ewigen Tod. Ich gab euch eine Heimat auf dieser Erde, doch ihr zerstört sie. Ich gab euch meine Liebe, doch ihr antwortet mit Haß!

Folgende Zusammenstellungen des Medialen Friedenskreises werden als Bücher demnächst im Bergkristall Verlag erscheinen:

- Der Schöpfer und sein Widersacher
- Das Geistige Reich
- Die Seele
- Das Denken
- Der Schutzpatron
- Die Bibel und der Okkultismus
- Der Kontakt mit dem Geistigen Reich
- Der Spiritualismus
- Glaube und Religion
- Die Santiner
- Die Reinkarnation

und andere

Ebenso sind viele Titel als **Hörbücher** in Planung.

Weitere Informationen erhalten Sie beim:

Bergkristall Verlag
Schülerstraße 2-4
32108 Bad Salzuflen

Tel.: 05222 / 92 34 51
Fax: 05222 / 92 34 52
email: Bergkristall.Verlag@t-online.de
www.Bergkristall-Verlag.de

Welches ist der sicherste Weg zur Wahrheit?
Der sicherste Weg beginnt im eigenen Herzen.
Gott kann für diese Aufgabe keine Feiglinge gebrauchen. Er braucht geistige Revolutionäre, die für ihn um die Wahrheit mit dem ganzen Einsatz von Seele und Leben kämpfen.

Wie lautet die bedeutendste Kernfrage, die von der Menschheit gestellt werden könnte?
Gibt es einen Gott oder nicht?
Gibt es ein geistiges Weiterleben oder nicht?